하이데거의 정치적 존재론

하이데거의
정치적 존재론

피에르 부르디외 지음
김문수 옮김

그린비

일러두기

1 이 책은 Pierre Bourdieu, *L'Ontologie politique de Martin Heidegger*, Les Editions de Minuit, 1988을 완역한 것이다.

2 본문의 주석은 모두 각주이며, 옮긴이 주는 '—옮긴이'로 표시했다. 옮긴이가 보충하는 간단한 설명이나 인용출처는 본문 중에 대괄호([ ])로 표시했다.

3 단행본·정기간행물 등은 겹낫표(『 』)로, 단편·논문·회화·영화 등은 낫표(「 」)로 표시했다.

4 외국어 인명, 지명 등 고유명사는 2002년에 국립국어원에서 펴낸 외래어 표기법을 따랐다.

독자에게

이 텍스트는 지금과는 조금 다른 형태로 1975년 『사회과학연구지』*Actes de la recherche en sciences sociales*에 처음 발표되었다. 이 텍스트는 무엇보다 방법 훈련으로 기획되었고 따라서 고발의 지평과는 다른 지평에 서 있다. 과학적 분석은 소송의 논리나 그 논리가 제기하는 질문들(하이데거는 나치였는가, 하이데거의 철학은 나치다운가, 하이데거를 가르칠 필요가 있는가 등등)과는 하등 관련이 없기에, 오늘날 그 철학자를 에워싸고 있는 병적인 흥분이,[1] 아마도 여전히 때맞지 않을 이 작업을 환대하는 데 현실적으로 도움이 되는지는 확실치 않다.

역사적 정보를 쇄신하기 위해 몇 가지 주석을 덧붙인 것 외에, 이해

---

1) 이 책이 출간된 1988년은 칠레 출신의 독일 사학자 빅토르 파리아스의 『하이데거와 나치즘』(*Heidegger et le Nazisme*, 1987)으로 나치즘과 하이데거(철학)의 관계에 대한 논쟁이 프랑스, 나아가 유럽 지성계를 뒤흔들고 있을 때이다. —옮긴이

의 편리함을 위해 하이데거 언어에 대한 분석과 하이데거가 요구하는 독해에 대한 분석을 다룬 세 개의 장을 책의 뒤로 옮겼다. 이것이 나의 이전 작업에 가한 중요한 변경이다. 물론 이렇게 함으로써 초래할 위험도 있다. 사회학에 대해 흔히들 생각하는 것과는 반대로,[2] 하이데거 철학의 뜻밖의 정치적 함의가 역사가들에게는 아직 알려지지 않았던 시기에 그것을 드러냈던 것은 다름 아닌 저작 자체에 대한 독해, 그 저작의 이중적 의미와 숨은 함의에 대한 독해라는 사실을 은폐할 위험 말이다.[3] [이러한 독해를 통해 드러난 하이데거 철학의 정치적 함의로는] i) 시간성 이론의 핵심에 감춰져 있는 사회보장 국가에 대한 저주, ii) 방랑에 대한 저주로 승화된 반유대주의, iii) 윙거와의 대화에서의 배배 꼬인 암시들에 새겨져 있는 나치 참여에 대한 참회의 거부, iv) 근본적 극복이라는 철학적 전략을 고무했을뿐더러 히틀러 체제와의 단절 ——후고 오트가 보여 주었듯이, 이러한 단절은 철학적 지도자의 사명을 떠맡으려는 철학자의 혁명적 열망이 승인받지 못한 데 따른 환멸로 인한 것이다——도 고무했던 초超보수혁명주의가 있다.

이 모든 것을 하이데거의 여러 텍스트에서 읽어 낼 수 있으나 독해의 정통 수호자들은 이를 거부한다. 그들 자신에겐 포착되지 않는 제반 과학의 진보에 따라서 자기네의 차별성을 위협받게 된 이 수호자들은,

2) 즉, 어떤 사상에 대해 내적 접근 대신 외적이고 환원적인 접근을 한다는 사회학에 대한 흔한 선입견과는 달리. ——옮긴이

3) 실상 1975년의 초판본과는 달리(「옮긴이 후기」 참고) 현재의 판본에서는 하이데거 당시의 시대 분위기, 대학의 상황, 철학 사조 등이 앞서 다루어지고 있는데, 이는 부르디외가 여느 사회학자처럼 하이데거 철학에 대해 외적이고 환원적인 접근을 한다는 인상을 줄 수 있다. ——옮긴이

몰락한 귀족처럼 철학의 철학 —— 하이데거는 존재론과 인간학 사이에 신성한 경계를 설정함으로써 그들에게 이에 대한 모범적 표현을 제공해 주었다 —— 에 집착한다. 그러나 이렇게 함으로써 그들은 결국 명석한 직업적 전문가 특유의 맹목 —— 이번에도 하이데거는 이를 가장 완성도 높게 표현하고 있다 —— 에 대해 물음을 제기해야 하는 순간을 지체시킬 따름이다. 그리고 그들이 이 맹목에 대해 알기를 거부하고 오만하게 침묵하기 때문에, 그것은 반복되고 비준된다.

1988년 봄,
파리에서

서론 · 사팔뜨기 사유

Louche(사팔뜨기의, 탁한, 석연치 않음). 문법상 이 말은 "처음에는 어떤 뜻을 고지하는 것 같지만 결국 완전히 다른 뜻을 규정하는 것"을 의미한다. 이 말은 특히 표현의 명료함을 크게 해칠 정도로 중의적인 기교로 구축된 문장들에 대해 언급된다. 어떤 문장이 "louche"가 되는 것은 해당 문장을 이루는 낱말들의 특수한 배열 때문이며, 이 낱말들이 처음에는 특정한 관계를 맺는 것처럼 보이지만 실제로는 다른 관계를 맺을 때 해당 문장은 "louche"가 된다. 마찬가지로 "louche(사팔뜨기)"인 사람은 한쪽을 바라보는 것 같지만 실상은 다른 쪽을 바라보는 사람이다.[1]

하이데거의 (크로체가 말한 대로) "순수철학"처럼 시대에 깊숙이 발을 들여놓은 사유도 드물 것이다.[2] 이 절대적 업적에는 시대의 문제 전반이, 그리고 이 문제들에 대한 "보수혁명가"의 이데올로기적 반응들 모두가 현존한다. 물론 승화되고 오인될 수 있는 형식 아래서이긴 하지만. 그러나 그토록 극도로 반反역사적으로 읽힌 저작들도 드물다. 나치즘과 『존재와 시간』 저자의 공모를 아주 단호하게 고발하는 사람들마저도, 저자의 정치적 참여를 명시하거나 밝혀 주기에 알맞은 기미, 자백, 흔적을 텍스트 안에서 찾으려는 노력을 줄곧 게을리해 왔다.

그렇지만 가령 **체계를 제외하고는** 모든 점에서 등가이지만 학적 완

---

1) M. Beauzée, *Encyclopédie méthodique, grammaire et littérature*, tome II.
2) 이 말은 A. Hamilton, *L'illusion fasciste, Les intellectuels et le fascisme, 1919–1945*, Paris: Gallimard, 1973, p. 166에서 인용했다.

곡의 정도가 덜한 담론들과 하이데거의 사유를 접근시켜 비교하고서는, [하이데거의 사유가] 이렇게 언제 어디서나 역사적 상황과 문화적 맥락에 준거했다고 강변하려는 시도는 부질없을 것이다. 철학적 생산장의 상대적 자율성은 그런 식의 비교 작업이 의존성**뿐** 아니라 독립성을 입증하는 데도 쓰일 수 있음을 말해 준다. 장의 효과, 즉 철학적 소우주의 특수한 제약이 철학 담론의 생산에 미치는 효과는 역설적으로 절대적 자율성이라는 가상에 객관적 토대를 마련해 준다. 이 가상은 **철학**——즉 철학이라는 상대적으로 자율적인 장——의 보수혁명가인 하이데거의 저작을 좀바르트나 슈판 같은 경제학자들의 저작이나, 슈펭글러나 윙거[3] 같은 에세이스트들의 저작과 비교하는 일을 선험적으로 금지하거나 거부하는 데 활용될 수 있다——흔히들 하이데거를 이 자들과 매우 가까이 놓고 언급하려 들곤 했겠지만, 이는 오직 "다른 모든 조건이 같다면"이라는 식의 추론이 불가능하지 않은 한에서이다. 그러므로 적합한 분석은 이중의 거부 위에 구축된다. 우선 텍스트를 그것이 생산된 가장 일반적인 상황으로 곧바로 환원해 버리려는 시도를 거부한다. 뿐만 아니라 철학적 텍스트가 절대적 자율성을 지니고 있다는 주장, 또 이 주장과 상관적으로 모든 외적인 참조를 거부하는 방식 역시 거부한다. 물론 [텍스트의] 독립성은 인정될 수 있다. 단, 이 독립성이 철학장의 내적 작동 방식을 관장하는 특수 법칙들에 대한 의존성의 다른 이름에 불과

---

3) 베르너 좀바르트(1863~1941, 독일의 역사학파 경제학자), 오트마 슈판(1878~1950, 권위주의적 조합 국가를 주창한 오스트리아의 경제학자이자 보수 이데올로그), 오스발트 슈펭글러(1880~1936, 유기체적 문명관을 제시한 독일의 문화철학자), 에른스트 윙거(1895~1998, 독일의 군인이자 작가).——옮긴이

하다는 것을 명확히 이해하는 한에서만 그렇다. 마찬가지로 [텍스트의] 의존성도 인정될 수 있다. 단, 의존성이 오직 철학장의 특수 메커니즘을 매개로 해서만 관철된다는 사실로 인해 텍스트의 효과들이 겪게 되는 체계적 변형을 염두에 두는 한에서만 그렇다.

따라서 근본적으로 **애매성**에 따라 규정되는 글, 말하자면 두 정신적 공간에 대응하는 두 사회적 공간에 준거하여 규정되는 글에 대해서는, 철학적 독해 대 정치적 독해라는 대립 구도를 포기하고, **이중적 독해**, 정치적이면서도 철학적인 독해를 해야 한다. 아도르노는 철학장의 상대적 자율성을 무시했기에 하이데거 철학을 식별해 주는 관여적 특질들les traits pertinents을 곧바로 하이데거가 속한 계급 분파와 연관시켰다. 이런 "단락"短絡[4] 때문에 아도르노는 하이데거의 사유 같은 회고적 이데올로기를, 산업사회를 따라잡지 못하고 경제적인 능력이나 독립성을 갖추지 못한 지식인 집단의 표현으로 간주했다. 중요한 것은 이런 연관에 대해 이의를 제기하는 것도 아니요, 아도르노가 불안 또는 부조리라는 주제와 이런 주제 생산자들의 현실적 무능력 사이에 설정했던 연관——이는 특히 린저의 책[5] 이후에 빈번히 일어난 일인데, 이 책에서 린저는 자기가 "독일의 만다린[고관대작]"이라 부른 자들이 반동적 보수주의로 서

---

4) court-circuit. 부르디외가 과학, 문학, 철학 등의 문화적 생산물을 분석할 때 피하려고 하는 오류는 두 가지다. 첫째는 그러한 문화적 생산물을 '내적'으로만 해석하려는 오류다. 둘째는 그러한 문화적 생산물을 곧장 그것이 생산된 사회적 맥락과 연결하려는 오류다. 부르디외는 두 번째 오류를 "단락의 오류"라고 부른다(피에르 부르디외, 『과학의 사회적 사용』, 조홍식 옮김, 창작과비평사, 2002, 20~23쪽 참조). —옮긴이

5) F. Ringer, *The Decline of the German Mandarins: The German Academic Community, 1890-1933*, Cambridge: Harvard University Press, 1969를 말한다. —옮긴이

서히 변해 간 사실을 지배계급 구조 내에서 그들의 위치가 하락한 사실과 관련시켰다 ──에 대해 이의를 제기하는 것도 아니다. 어쨌든 철학장을 구성하는 위치들이 나타내는 규정적 매개 작용을 파악하지 못한다면, 그리고 철학 체계를 정초[6]하는 대립과 이런 위치들이 맺는 연관을 파악하지 못한다면, 철학 담론을 그 생산자의 계급적 위치로 곧바로 환원해 버리지 못하게끔 막아 주는 연금술의 원리를 놓쳐 버릴 수밖에 없으며, 동시에 핵심일 수 있는 문제, 즉 철학적 형식 갖추기[7]에서 비롯되는 효과의 이치를 해명하지 못하게 된다.

나치와 가깝다는 이유로 하이데거 철학을 비난하는 비방자든 나치 참여와 하이데거 철학을 분리하는 찬양자든 서로 일치하는 지점이 있다. 하이데거 철학은 그를 나치즘에 밀착하게 했던 정치적·윤리적 원리들을, 철학장이 부과하는 특수한 검열 때문에 **철학적으로 승화**한 것에 불과할 수도 있었음을 간과한다는 점 말이다. 하이데거의 적대자들은 전기적 사실과 저작의 내적 논리를 연결하지 않은 채 전기적 사실만을 끈질기게 물고 늘어진다는 점에서, 하이데거 옹호자들이 명시적으로

---

6) 이하에서는 fondement은 "토대"로, 그 동사형인 fonder/être fondé는 각각 '정초하다/정초되다'로 옮긴다. ─옮긴이

7) la mise en forme(mettre en forme). 이 책 4장의 핵심개념으로, 문자 그대로는 "형식을 갖춤/형식화/형상을 갖춤"을, 숙어적으로는 "작성/편집"을 의미한다. 김현경(피에르 부르디외, 『언어와 상징권력』, 나남, 2014)과 이상길(피에르 부르디외, 로익 바캉, 『성찰적 사회학으로의 초대』, 그린비, 2015)은 모두 '형식화'로 번역했다. 이 책에서는 '형식 갖추기'로 번역하지만, 이 표현은 '형성/작성'이라는 뜻도 함께 가지고 있음을 염두에 둘 필요가 있다. 이와 짝을 지어 사용되는 la mise des formes(mettre des formes)를 부르디외는 "어떤 행위나 담론에 적절하고 적법하며 허가받은 것으로 인정된 틀을 부여하는 것"(Pierre Bourdieu, "Habitus, Code et Codification")이라고 정의한 적이 있고 복수형 formes가 "예절", "태도" 등을 의미한다는 점에 착안하여 "격식 설정(격식을 설정하다)"으로 옮긴다. ─옮긴이

요구한 "사실관계의 비판적 확립"과 "텍스트 해석"의 구별에 동의하는 셈이다.[8] [이 구별에 따르면] 한편에는 공적이거나 사적인 사건들을 담고 있는 전기가 있다. 1889년 9월 26일 슈바르츠발트에 자리한 어느 작은 마을의 장인 집안에서 태어나 메스키르히에서 보낸 초등학교 시절, 콘스탄츠와 브리스가우의 프라이부르크에서 보낸 중등학교 시절, 1909년에 프라이부르크 대학에 입학해 수강한 철학과 신학 강의, 1913년 철학박사 학위를 취득한 일 등등. 또 잠시 나치당에 몸담은 일, 총장 연설, 침묵…. 다른 한편에는 철학자의 일상적 실존에 일어난 사건들에서 완전히 "탈색된" 지적인 전기가 있다. 하이데거가 1915년에서 1958년 사이에 행한 강의들을 수록한 『마르틴 하이데거의 강의와 강연록』은 이러한 지적 전기의 표본적인 증거 자료가 된다. 여기서 사상가는 합법적이라고 간주된 일시적 실천으로만, 즉 철학 강연, 그것도 철학 강연의 공식적 모습으로만 환원되어,[9] 사상과 완벽히 동일시되며, 또한 그의 삶도

---

8) F. Fédier, "Trois attaques contre Heidegger", *Critique*, 1966, n° 234, pp. 883~904; R. Minder, J.-P. Fayer and A. Patri, "A propos de Heidegger", *Critique*, 1967, n° 237, pp. 289~297; F. Fédier, "A propos de Heidegger", *Critique*, 1967, n° 242, pp. 672~686; F. Bondy, F. Fédier, "A propos de Heidegger", *Critique*, 1968, n° 251, pp. 433~437(1987년 판본에는 다음과 같은 논평이 실려 있다. "이는 빅토르 파리아스의 책 『하이데거와 나치즘』에도 해당된다. 빅토르 파리아스는 새로운 사실 몇 가지를 밝혀 주기는 했지만, 여전히 저작의 입구에서 머뭇거리고 있거나 저작으로 들어가더라도 내적 독해의 옹호자에게 몇 번이고 많은 몫을 떼어 주면서 불법 침입밖에 하지 못한다. 파리아스가 촉발한 논쟁이 20여 년 전의 논쟁을 반복하고 있다는 점은 그리 놀랍지 않다").

9) 하이데거가 윙거의 『노동자』(*Der Arbeiter*)를 다뤘던 1939~1940년 겨울 학기 세미나는 이 책에서 아예 언급되지도 않는다. 물론 그 이유는 리처드슨(W. J. Richardson, *Heidegger: Through Phenomenology to Thought*, La Haye: Martinus Nijhoff, 1963, pp. 663~671)이 작성한 서지를 검토하고 거기에 각주를 단 사람이 다름 아닌 하이데거 자신이었기 때문이다(그는 사유를 삶의 진리이자 토대로 삼는 **본질성**Wesentlichkeit 전략의 한 형태를 통해, 전기적 사항에 대한 공개적 보도를 항상 체계적으로 거부한 것으로 보인다).

저작과 완벽히 동일시되어 자기 충족적이고 자가-발생적이게 된다.

하지만 가장 환원적인 비판가들도, 가장 직접적으로 정치적인 저작들에서조차[10] 전형적인 나치 어휘들 바로 곁에, 그리고 『푈키셔 베오바흐터』*Völkische Beobachter*[11]의 사설과 괴벨스 연설의 유물들[12] 바로 곁에, 하이데거의 독특한 철학어(예를 들어 존재의 본질, 인간 현존재, 존재 의지, 역운, 내맡김 등)가 있다는 사실에 놀라지 않을 수 없다. 하이데거가 나치에 속한다는 점을 증명하기 위해 그토록 자주 원용되던 "대학의 방어"Selbstbehauptung(이 낱말은 "자기주장"이라고 조금은 과장되게 번역된다)라는 제목의 1933년 5월 27일 총장 취임 연설이, 리처드슨이 쓴 역사[13]처럼 순수한 그리고 순수하게 내적인 하이데거 사유의 역사 안에 자리 잡을 수 있었다는 점은 의미심장하다. 물론 이처럼 순수하게 정화된 역사를 쓴 저자도, 아마 정세에 따라 [하이데거의] 입장[14]을 (가령 객관적 과학에 대한 공격처럼) 전적으로 철학 이론에서 귀결되는 (가다머가 사용한 의미에서) 응용처럼 보이게 하기에는 역부족이었다 할 수 있을지 모르겠다. 그러나 이 연설문의 애매성은 칼 뢰비트가 잘 말해 준다. "바이마

---

10) 주요하게는 1933년 11월 3일의 「학생들에게 호소함」, 1933년 11월 10의 「독일인에게 호소함」, 1934년 1월 23일의 「노동 봉사를 호소함」, 특히 1933년 5월 27일의 「독일 대학의 자기주장」이 여기에 속한다(Martin Heidegger, "Discours et proclamations", trans. J. P. Faye, *Méditations*, n° 3, 1961, pp. 139~159. 이 글의 원본은 G. Schneeberger, *Nachlese zu Heidegger*, Berne, 1962).

11) "민족의 파수꾼"이라는 뜻의 나치당 기관지. —옮긴이

12) P. Gay, *Weimar Culture, The Outsider as Insider*, London: Secker & Warburg, 1968, p. 84.

13) Richardson, *Heidegger: Through Phenomenology to Thought*, pp. 255~258.

14) pris de position. 직역하면 '위치 수용'이며, 부르디외에게 '위치'라는 개념은 '하비투스', '장', '자본'과 연관되는 중요한 개념이니만큼 이후 '입장'이라는 말이 등장할 때 이런 의미를 환기할 필요가 있다. —옮긴이

르 정부가 몰락한 후 [나치즘에] '동조한' 교수들이 출간한 헤아릴 수 없이 많은 소책자나 연설과 비교해 볼 때, 하이데거의 강연은 매우 철학적이면서 엄격한 태도를 유지했고, 소품이었지만 표현상으로나 구성상으로는 대작이었다. 철학의 척도에 비추어 보아도, 이 강연은 처음부터 끝까지 애매함이라곤 거의 없었다. 그 이유는 하이데거가 실존론적이고 존재론적인 범주들을 역사적 '순간'에 활용하는 데 성공했기 때문이며, 그 결과 이 범주들은 그 철학적 지향이 정치적 상황과 '선험적으로' 대등하다는 가상을, 그리고 연구의 자유가 국가의 강제와 대등하다는 가상을 낳기 때문이다. '노동봉사'와 '군대봉사'는 '지식봉사'와 일치하며, 그리하여 연설이 끝날 무렵까지 청중들은 딜스Diels가 편집한 『소크라테스 이전 철학자들의 단편선집』Die Fragmente der Vorsokratikers을 펴야 하는지, 아니면 돌격대 무리에 가담해야 하는지를 선택할 수 없었다. 이런 점 때문에 이 연설을 한 가지 관점에서만, 그러니까 순수하게 정치적인 관점에서만 또는 순수하게 철학적인 관점에서만 다룰 수는 없다."[15]

하이데거의 사유가 슈펭글러나 윙거 같은 에세이스트들의 사상과 가깝다는 이유로 하이데거를 정치적 공간에만 위치시키는 것은, 가령 신칸트학파[16]에 대립했다는 점을 들어 하이데거를 "고유하게" 철학

---

15) K. Löwith, "Les implications politiques de la philosophie de l'existence chez Heidegger", *Les Temps Modernes*, 2ᵉ année, 1946, pp. 343~360.
16) 경험과학을 무시한 사변적 형이상학이나 철학을 과학으로 환원한 실증주의(심리주의, 자연주의)에 맞서 '칸트로의 회귀'(Zurück zu Kant!)를 통해 철학과 과학의 관계를 재정립하고, 이를 통해 철학의 정체성 위기를 극복하고자 한 철학 사조. 1870년대서부터 1차 세계대전이 끝날 무렵까지 독일의 강단 철학계를 지배했다. 이 학파와 하이데거의 관계는 이 책 3장에서 제시된다. —옮긴이

적인 공간, 즉 상대적으로 자율적인 철학사 안에 자리매김하는 것만큼
이나 잘못이다. 오히려 이와 같은 준거의 이중성이야말로 하이데거 사
유의 가장 특수한 성격과 그 사유가 낳은 가장 특수한 효과의 원리이다.
이를 적합하게 이해하기 위해서는, 정치적 입장을 오로지 철학적으로만
진술하는 하이데거의 정치적 존재론이 실천적으로 작동시키는 이중의
연관을 방법적으로나 의식적으로 작동시켜야 한다.

알다시피 학적[17] 담론에 존재 이유를 제공하는 관계들의 체계를 완
전히 밝혀내기 위해서는 무척 방대한 작업이 필요하며, 이 같은 과업
의 방대함이야말로, 학적 담론이 객관화에 맞서 스스로를 지켜 내는 최
적의 방어책이다. 하이데거의 경우 다음과 같은 작업이 수행되어야 할
것이다. 철학적 생산장의 구조, 또 그런 구조에 이르게 된 전술 역사, 하
이데거가 즐겨 했던 말처럼 철학자 단체에 "터"를 제공하고 또 그 기능
을 지정해 주는 대학장의 구조, 교수들의 위치와 그 위치의 변천을 규정
하는 권력장의 구조를 재구성하는 일, 그런 방식으로 점차 바이마르 시
기 독일의 사회구조 전체를 재구성하는 일 말이다.[18] 이처럼 방대한 기
획의 규모만 가늠해 보아도 과학적 분석은, 저작에 대한 내적 탐구 외의
다른 접근법은 신성모독이나 속류로 간주해 버리는 형식 수호자들이

---

17) 이후 savant은 '학적', académique는 '학제적', scientifique는 '과학적'으로 옮긴다. —옮긴이
18) 하이데거의 저작은 **자신의 질서**[철학장]에서는 나치즘의 문제와 아주 비슷한 문제를 사회사에
　　제기한다. 하이데거의 저작이 독일 철학의 상대적으로 자율적인 역사의 도달점 또는 완성을 나
　　타내는 한에서, 그것은 독일 인텔리겐챠 및 대학 발전의 특수성에 대한 물음을 제기하는 것이
　　다. 나치즘이 "독일의 역사적 발전의 **특수성들**"에 대한 물음을 제기하는 것처럼 말이다. 물론 이
　　두 물음은 독립적이지 않다. (G. Lukács, "Über einige Eigentümlichkeiten der geschichtlichen
　　Entwicklung Deutschlands", *Die Zerstörung der Vernunft*, Berlin, 1955, pp. 31~74 참조).

나, "최종 분석에서" 사유해야 할 결론을 이미 알고 있기에 **사유상으로**en pensee 분석의 끝에 힘들이지 않고 도달하여 모든 **현실적**en act 분석이 불가피하게 노정하는 한계들을 비난하는 자들[19]의 협공을 받을 운명이라는 것은 충분히 알 수 있다.

---

19) 설비(matériel)도 자재(matériaux)도 없는 이 유물론자들(matérialistes)*에게는, 대가의 교훈이나 지침을 읊어 주는 것보다(N. Poulantzas, *Pouvoir politique et classes sociales*, Paris: Maspero, 1971 참조) 그들이 단 한 번이라도 과학적 분석을 해 보았다면 스스로 발견할 수도 있었을 진리들을 상기시켜 줄 필요가 있을 것이다. 물론 그들은 이러한 진리들조차 **그와 같은** [대가의 교훈이나 지침 같은] **형식을 띨 때** 더 잘 이해할 것이다. 즉 엥겔스가 '유물론적 방법'이 '최종적인 경제적 원인들'로 거슬러 올라가려고 애쓸 때 마주치게 되는 실천적 제약들을 환기하고 있는 『프랑스 혁명사 3부작』 서문에서 그 진리들을 연관 지을 때 말이다(F. Engels, Introduction à K. Marx, *La lutte des classes en France*, Paris: Edition Sociales, 1948, pp. 21~22).

＊이 책에서 부르디외는 하이데거의 말놀이를 비웃기라도 하듯이 말놀이를 자주 한다. 이를 보여 주고자 필요한 경우 원어를 남겨 두었다. ─옮긴이

차례

독자에게   5

서론·사팔뜨기 사유   9

1장·순수철학과 시대정신   23

2장·철학장과 가능한 것들의 공간   75

3장·철학의 '보수혁명'   99

4장·검열과 형식 갖추기   121

5장·내적 독해와 격식 존중   149

6장·자가-해석과 체계의 진화   165

옮긴이 후기   177

찾아보기   187

하이데거의
정치적 존재론

1장·순수철학과 시대정신

"성찰을 요구하는 우리 시대에"in unserer bedenklichen Zeit라고 하이데거는 말한다. 이 말을 문자 그대로 받아들일 필요가 있다. 또 하이데거가 "위기의 지점"das Bedenkliche 또는 "가장 큰 위기의 지점"das Bedenklichste[1]이라고 말할 때도 문자 그대로 받아들여야 한다. 여기에서 하이데거는 예언적 효과("우리는 아직 사유하고 있지 않다" 등등)를 끌어내지만, 자기가 임계점을 사유한다거나, 혹은 그 자신이 "Umsturzsituation", "혁명적 상황"이라고 부른 것을 사유한다고 주장할 때 그는 진실을 말하고 있다. 하이데거는 독일에서 일어났던 심원한 위기를 자기 나름의 방식으

---

1) M. Heidegger, *Essais et conférences*, Paris: Gallimard, 1973(12ᵉéd. fr. 1958), p. 153.

 * 국역본(『사유란 무엇인가』, 권순홍 옮김, 고려원, 1996)에서는 'in unserer bedenklichen Zeit', 'das Bedenkliche', 'das Bedenklichste'를 각각 '사려를 요구하는 우리 시대', '사려를 요구하는 것', '가장 깊이 사려를 요구하는 것'이라고 번역했으나, 여기서는 프랑스어판 번역에 따랐다. ─옮긴이

로 부단히 사유한다. 아니 독일의 위기, 그리고 독일 대학의 위기가 하이데거를 통해 부단히 사유되고 표현되었다고 말하는 편이 더 정확할 것이다. 1차 세계대전, 볼셰비키 혁명의 가능성을 구현하면서 보수주의자들을 줄곧 위협했을 뿐 아니라 (릴케나 브레히트 같은) 작가들이나 예술가의 열광적인 한순간을 완전히 기만해 버렸던[2] 1918년 11월의 (부분적) 혁명,[3] 정치적 암살(암살자들은 대개 처벌받지 않았다), 카프의 무장봉기[4]와 그 밖의 전복 기도, 실패, 베르사유 조약, 언어공동체이자 혈연공동체로서의 독일인Deutschtum 의식을 고조시킨 프랑스의 루르 점령과 영토 축소, 중산층Mittelstand을 특별히 타격했던 살인적 인플레이션(1919~1924), 기술에 대한 강박과 작업의 합리화가 급격하게 도입된 짧은 번영기, 마지막으로 1929년의 대공황. 이 모든 사건은 일련의 외상과 같은 경험을 낳았다. 이 경험은 다양한 정도로, 그리고 상이한 효과를 동반하면서, 한 세대 모든 지식인의 세계관에 지속적 흔적을 남겼다. 이 경험들은 '대중의 시대'나 '기술'에 관한 수많은 담론을 통해, 표현주의 회화나 시 혹은 영화를 통해, 그리고 '문명의 병'에 침식된 세기말 비엔나에서 시작된 소위 '바이마르 문화' 운동의 격정적이고도 발작적인 종말, 전쟁과 죽음에 대한 동경, 기술 주도적 문명과 권력자들에 대한 반항을 통해 다소간 완곡하게 표현되었다.

---

2) 혁명이 지식인들에게 준 실망에 대해서는 P. Gay, *Weimar Culture, The Outsider as Insider*, London: Secker & Warburg, 1968, pp. 9~10 참조.

3) 킬 군항의 반란으로부터 시작된 11월 혁명의 결과 독일 제국이 붕괴되고 바이마르 공화국이 성립됨. —옮긴이

4) 프로이센의 관료였던 카프(1858~1922)가 베를린에 주둔하던 자유의용단을 이용하여 베를린을 점령하고 사회민주당 정부를 전복하려고 한 사건. —옮긴이

이런 맥락에서 아주 이색적인 **이데올로기적 기질**이 퍼져 나간다. 이 기질은 처음에는 대학가를 맴돌다가 차츰 교양 있는 부르주아 계급 전체에 배어들어 갔다. 이런 형이상학적-정치적 속류가 학적인 경제 이론이나 철학 이론을 통속화한 것인지, 아니면 늘 일어나기 마련인 자율적 재발견의 산물이었는지 단정하기는 어렵다. 동등한 기능들을 수행하지만 **형식**의 측면에서, 다시 말해 완곡어법과 합리화의 측면에서 요구수준이 점점 더 약해지는 온갖 타락한 표현들이 있었다는 사실은, 그것이 "통속화"의 과정이었다고 믿게 한다. 예를 들어 슈펭글러는 좀바르트나 슈판을 "통속화시킨 사람"으로 등장하지만, 그 자신은 다시 학생들과 "청년운동"의 교사들에 의해 "통속화된" 것으로 보인다. 이들 '청년운동'의 교사들은 고향, 민족, (숲의 산책과 산행도 포함하여) 자연에 "뿌리내림"으로써 "소외"—이는 당시의 핵심어 중 하나로, "뿌리뽑힘"과 동의어로 사용되었다—에 종언을 고하고, 자연의 친근한 목소리에 귀 막고 있는 지성과 합리주의의 전횡을 비난했으며, 대신 문화와 **내면**으로 복귀할 것을 설교했다. 다시 말해, 편리나 이윤에 대한 물질주의적이고 통속적인 부르주아식 추구와 단절할 것을 설교한 것이다. 하지만 순환은 다른 방향으로도 이루어진다.

혼잡스럽고 혼합적인 이 담론은 집단적 **기분**Stimmung을 몽롱하고 무력하게 객관화한 것에 불과하다. 이 담론의 대변자들조차 단지 그것의 메아리에 지나지 않는다. **민족적**völkisch 기질이란 근본적으로는 세계에 대한 성향으로서, 이 성향은 담론을 통한 어떤 형태의 객관화로도, 혹은 그 어떤 여타의 표현 형식으로도 환원될 수 없다. 이 성향은 오히려 신체적 **헥시스**[5]나 언어와의 관계로 식별되며, 또한 (핵심적이지는 않으나) 키르케고르, 도스토옙스키, 톨스토이, 니체처럼 [행위자에게 영향을 준] 문학적 대부와 철학적 대부의 집합, 그리고 [행위자가 믿는] 윤리적-정치적-형이상학적 테제의 집합으로 식별된다. 그렇다고 해서 원천 탐구에 매몰될 필요는 없다. 분명 19세기 이래로 (1827년에 태어난) 폴 드 라가르드, (1851년에 태어난) 율리우스 랑벤, 좀 더 가까이 보면, 아담 뮐러로 이어지는 (1878년에 태어난) 오트마 슈판이나 잡지 『디 탓』*Die Tat* 의 편집자인 디데리흐스가 있다 ──『디 탓』이 표방한 "신낭만주의"는 디데리흐스가 1927년 죽을 때까지 엄청난 영향력을 행사했다.[6] 또한 휴스턴 스튜어트 체임벌린[7]이 타키투스의 『게르마니카』 독해에서 끄집어낸 인종주의 이론의 시각에서 고대 게르만족을 살펴보려는 역사가들도 있었다. 그리고 시골풍의 삶, 자연, 자연 회귀를 찬양한 민족적 소설가들과 블루보 문학Blubo-Literatur, Blut und Boden(즉 피와 대지)이 있었다. 클라게스나 슐러[8]의 "우주" 같은 비밀 동아리도 있었고, 상상해 볼 수 있

---

5) hexis, 부르디외의 핵심 개념 중 하나로서, 환경과의 오랜 교섭을 통해 개인에게 형성되고 몸짓, 말투, 자세 등으로 표출되는 신체적 습관을 가리킨다. 이에 대한 설명으로는 피에르 부르디외, 로익 바캉, 『성찰적 사회학으로의 초대: 부르디외 사유의 지평』, 이상길 옮김, 그린비, 2015, 536~538쪽을 보라. ─옮긴이

6) 폴 드 라가르드(1827~1891, 독일의 성경학자, 동양학자), 율리우스 랑벤(1851~1907, 독일의 시인이자 예술사학자), 아담 뮐러(1779~1829, 독일의 문학비평가, 정치경제학자), 오이겐 디데리흐스(1867~1930, 독일의 출판업자). 이들은 보수혁명의 특징이 된 국가주의, 인종주의, 반평등주의, 반유대주의, 반슬라브주의 등을 표방했다. ─옮긴이

7) 휴스턴 스튜어트 체임벌린(1855~1927). 영국 출생의 독일 철학자. 『19세기의 토대』라는 책을 통해 "모든 전쟁은 유대인 금융자본과 연결되어 있다"는 식의 반유대주의 시각과 범게르만주의를 전파했으며, 이후 나치즘에 큰 영향을 미쳤다. ─옮긴이

8) 루드비히 클라게스(1872~1956)는 생철학을 내세운 독일의 철학자이자 필적학자. 알프레트 슐러(1865~1923)는 독일의 신비주의자이자 종교활동가. ─옮긴이

는 온갖 형태의 영적 체험이 추구되었다. 영웅적이며 정화된 바그너식 독일의 반유대주의 잡지 『바이로이터 블래터』*Bayreuther Blätter*가 있었고, 국민 극장에서의 성대한 공연도 있었다. 아리안주의를 표방하는 인종주의적인 생물학과 문헌학이 있었고, 칼 슈미트류의 법이 있었다. 민족적 이데올로기, 특히 하이마트쿤데Heimatkunde, 즉 고향 찬양이라고 불린 것을 위한 입문서들이 나돌았고 이를 위한 교육이 행해지기도 했다.[9] 이처럼 사방에서 뛰어나오는 헤아릴 수 없을 만치 많은 "원천들"은, 황홀경이나 분개의 외침으로 기능하는 낱말들과 사이비 학문적으로 재해석된 주제들로 만들어진 이데올로기적 지형의 근본적 속성을 가르쳐 준다. [이데올로기적 지형을 이루는] 주제들은 하비투스의 협연 위에 세워져 있다는 점에서, 또 통일적이면서도 무한히 독창적인 모습을 보이는 공유된 환상들의 정서적 일치 위에 세워져 있다는 점에서, 객관적으로 협연된 개인적 발견들의 "자생적" 생산물이다.

그런데 **민족적** 기질은 시대 자체의 성찰이 이루어지는 물음들의 집합이기도 하다. 영혼의 상태로서는 혼란스러우나 환상으로서는 강력하고도 집요한, 기술에 대한, 노동자에 대한, 엘리트에 대한, 민족에 대한, 역사에 대한, 조국에 대한 물음들 말이다. 이렇듯 파토스 강한 문제 설정을 가장 잘 표현한 것이 다름 아닌 영화였다는 사실은 놀랍지 않다.

---

9) George L. Mosse, *The Crisis of German Ideology*, New York: The Universal Library, Grosset and Dunlap, 1964, pp. 149~170; E. Weymar, *Das Selbstverständnis der Deutschen*, Stuttgart, 1961; R. Minder, "Le 'Lesebuch', reflet de la conscience collective", *Allemagne d'aujourd'hui*, mai-juin 1967, pp. 39~47 참조.

[에른스트] 루비치의 군중 장면들이나 ('세인'[10]을 범형적으로 보여 주는) [게오르크 빌헬름] 파브스트의 일련의 영화들, 또는 모든 환상-문제들의 일종의 응축물이자 윙거의 『노동자』[11]를 조형적으로 번역한 프리츠 랑의 「메트로폴리스」[12]가 그런 영화들이다.

민족적 이데올로기는 이성적으로 표현할 수 없을 정도로 혼합적이고 유동적인 성격을 보였는데, 이 때문에 그것은 문학에서, 특히 영화에서 가장 잘 표현되었다. 이런 점에 비추어 볼 때, 지그프리트 크라카우어의 책 『칼리가리에서 히틀러까지, 독일 영화의 심리학적 역사』*De caligari à Hit-*

---

10) das Man. 하이데거의 『존재와 시간』의 핵심어 중 하나로, 현존재(인간)의 일상적인 존재 방식을 가리킨다. 이 존재 방식은 '격차성, 평균성, 평준화'를 특징으로 한다. 또한 "잡담", "호기심", "애매함"이라는 이해 방식을 가지고 있다. 하이데거는 이 존재 방식이 지배하는 것을 "비본래성"이라고 한다. 『존재와 시간』(소광희 옮김, 경문사, 1995)에서는 "세인"으로, 『존재와 시간』(이기상 옮김, 까치, 1998)에서는 "그들"이라고 번역하고 있다. 어떤 면에서는 후자의 번역어가 더 적합하다. "세인"이라는 번역어는 das Man을 실체화하여 (하이데거의 표현을 빌리자면) "눈앞의 것"의 존재 방식으로 만드니까. 그러나 "그들"이라는 번역어도 das Man을 "나"나 "우리"와 별개의 존재자인 양 여기도록 한다는 약점이 있다. 이런 약점과 이 책에서 수행하는 "객관화"나 가독성을 고려하여 이 책에서는 das Man을 "세인"으로 옮긴다. — 옮긴이

11) E. Jünger, *Der Arbeiter*, Hambourg: Hanseatische Verlagsanstalt, 1932. 이 책은 E. Jünger, *Werke*, Stuttgart: Ernst Klert, s.d., vol. VI에 수록되어 있다.

12) 영화의 줄거리는 이렇다. 서기 2000년 메트로폴리스의 지도자 요 프레데르센의 아들 프레더는, 도시를 지배하면서 근로자들에게 기계실 아래의 지하에서 비인간적인 삶을 강요하는 귀족에 반기를 든다. 노동자인 마리아는 도시를 통일할 대변자(Fürsprecher)의 강림을 기다리라고 동료들을 설득한다. 프레더가 이 구원자다. 그러나 프레더의 아버지는 과학자 로트방을 시켜 노동자들에게 반란을 선동할 마리아와 꼭 닮은 로봇을 만들게 함으로써, 아들의 '사명'을 방해한다. 계획은 성공해서 노동자들은 기계를 파괴하며, 결국 노동자 숙소에 물이 범람하게 한다. 노동자들은 혼란 속에서 자기네 아이들이 익사했다고 생각하고서는, 로봇을 붙잡아 불태운다. 그렇지만 같은 시각, 프레더와 진짜 마리아는 아이들을 구한다. 로트방은 성당 지붕에서 마리아를 뒤쫓는다. 프레더도 로트방을 따른다. 둘이 엎치락뒤치락하던 중 로트방은 균형을 잃고 땅에 떨어진다. 아들에게 닥친 위험에 마음이 움직인 요 프레데르센은 회개하고 노동자 대표자와 악수한다.

ler, une histoire psychologique de cinéma allemand(Lausanne, D'age d'homme, 1973)

야말로 당시의 시대정신을 가장 잘 보여 주는 대표적인 연구일 것이다. 끊임없이 등장하는 길과 대중(pp. 57~188) 말고도, [당시 독일 영화에서] 특별히 이목을 끄는 점은 "좋았던 과거로의 회귀를 '더 좋은 미래'라고 생각하는"(p. 118) 루드윅 버거의 두 영화인 「한 잔의 물」과 「신데렐라」에 담긴 "가부장적 절대주의"라는 주제나 "외부 세계의 변형보다도 가치 있는" 개심innere Wandlung과 같은 주제다. 후자의 주제는, 묄러 판 덴 브루크[13]가 번역한 도스토옙스키 작품의 이례적 성공이 보여 주듯, 당시 독일 소부르주아에게 절절한 주제 중 하나였다.[14] 마지막으로 "산"이라는 또 다른 주제도 아주 놀라운 성공을 거뒀는데, 이 주제는 "완전히 독일적인" 장르를 탄생시켰다. 이런 주제를 다룬 영화로는 무엇보다도 아르놀트 프랑크 박사[15]의 영화들이 있다. 그는 "번쩍이는 얼음들과 과장된 감정들의 혼합"을 전문적으로 보여 주었다. 지그프리트 크라카우어가 언급하고 있듯 "프랑크 박사가 장엄한 풍경을 통해 대중적으로 보급하려고 애쓴 산이라는 메시지는 학위를 소지한 많은 독일인의 신조이자 대학의 젊은이처럼 학위가 없는 독일인들의 신조이기도 했다. 1차 세계대전이 일어나

---

13) 묄러 판 덴 브루크(1876~1925). 독일의 작가, 역사가. 도스토옙스키 전집을 독일어로 번역했고, 바이마르 공화국에 반대하는 독일의 청년 보수주의 운동에 심대한 영향을 끼쳤으며 "제3제국"(Das Dritte Reich)이라는 표현을 만들었다. 판 덴 브루크에 대해서는 이 책 57쪽을 보라. —옮긴이

14) 하이데거는 도스토옙스키(또한 니체, 키르케고르, 딜타이) 독서를 학생 시절의 놀라운 경험 중 하나라고 말했다(O. Pöggeler, *La pensée de Heidegger*, Paris: Aubier, 1967, p. 31 참조. 국역: 오토 페겔러, 『하이데거 사유의 길』, 이기상·이말숙 옮김, 문예출판사, 1993, 28쪽).

15) 여기의 '아르놀트 프랑크 박사'와 뒤의 '프랑크 박사'는 독일의 산악 전문 영화감독 아르놀트 팡크(Arnold Fanck, 1889~1974)를 잘못 표기한 것으로 보인다. —옮긴이

기 이미 오래전에 한 무리의 뮌헨 학생들은 주말마다 희뿌연 도시를 떠나 근처에 있는 바바리아의 알프스산에 올랐다. 거기서 자기네들의 열정을 마음껏 내뿜었다. … 프로메테우스적 열광에 사로잡힌 학생들은 조금은 아찔한 '길'을 따라 올라갔고, 정상에서 조용히 파이프 담배 연기를 내뿜으며, 자기네들이 '돼지들 ─ 높은 정상까지 오르려는 최소한의 노력조차 하지 않는 천박한 대중들 ─의 골짜기'라고 부른 곳을 아주 거만하게 내려다봤다."(pp. 121~122)

슈펭글러는 이런 집단적 기질의 변화를 느끼고 예감하기에 좋은 자리에 있었기에 이 이데올로기적 분위기를 정확히 그려 낸다. "파우스트식 사유는 기계에 대한 **구역질**에서 시작한다. 자연에 맞선 투쟁에서 일종의 평화주의라고 할 수 있는 권태가 번진다. 사람들은 더 단순하고 더 **자연에 가까운 삶의 양식으로** 회귀한다. 사람들은 기술적 경험보다는 스포츠로 시간을 보낸다. 그들에게 거대도시는 넌덜머리 나는 것이 되었고, 그들은 **영혼을 잃어버린** 사실들의 숨막힌 압제, 기술적인 조직의 엄격하고 냉혹한 분위기에서 벗어나기를 열망한다. **실천적 문제와 과학에 등돌리고 사심 없는 관조에 이른 자들**이야말로 엄청난 재능의 소유자들이요 창조자들이다. **오컬티즘과 심령론, 인도철학,** 기독교나 이교의 외투 아래 숨어 있던 **형이상학적 호기심**은 다윈의 시대에는 경멸의 대상이었으나 오늘날 부흥한다. 그것은 아우구스티누스 시대의 로마 정신이다. 삶에 흥미를 잃어버린 사람들은 **문명**에서 도주해 삶 아래 존속하고 있던 시골과 원시적인 환경에서, 방황에서, 자살에서 피난처를 찾는다."[16] 에른스트 트뢸치도 1921년의 논문에서 이런 태도 체계에 대해 전체적인 직관을 제시한다. [이런 태도와] 상당히 거리를 둔 관점에서, 그렇기에 더더욱 객관적인 관점에서 말이다. 그는 이 논문에서 **청년운동** Jugendbewegung의 주요 특징을 제시하는데, 그 특징으로는 교과과정 및 분과학문에 대한 거부, 성공 이데올로기와 권력 이데올로기의 거부, 학교가 강요한 과잉되고 피상적인 문화에 대한 거부, 지성주의와 문학적 자만에 대한 거부, "거대도시"와 비자연적인 것에 대한 거부, 물질주의와 회의주의에 대한 거부, 권위주의와 화폐의 지배 및 위신에 대한 거부가 있다. 나아가 그는 "종합, 체계, 세계관Weltanschuung, 가치 판단"에 대한 기대, 그리고 합리주의, 민주주의의 하향평준화, 맑스주의의 정신적 공허함을 상쇄하기 위해 [청년운동이 내세운] 직접성과 쇄신된 내면성에 대한 욕구, 지적이면서 영적인 새로운 귀족주의에 대한 욕구, 갈릴레오와 데카르트 이래 유럽 철학을 지배한 수학화와 기계화에 대한 적대, 진화론적 사고방식과 일체의 비판적 주장에 대한 거부, 사유와 탐구에 있어서 엄밀하고 정밀한 방법에 대한 거부에 주목했다.[17]

"식자들lettrés에게 보내는 교양 있는lettré 메시지"[18]인 **민족적** 담론은 대학 주변부에서 세속적 동아리나 예술인-지식인 집단을 통해 끊임없는 탄생과 재탄생을 거듭하다 결국에는 대학에서 만개한다. 처음에는

---

16) O. Spengler, *L'homme et la technique*(*Der Mensch und die Technik*, 1931), Paris: Gallimard, 1958, pp. 147~148 참조(강조는 인용자).

17) E. Troeltsch, "Die Revolution in der Wissenschaft" 참조. 이 논문은 Gesammelte Schriften 4권, *Aufsätze zur Geistesgeschichte und Religionssoziologie*, Aalen: Scientia Verlag, 1966, pp. 653~677 1ʳᵉ ed. Tübingen, 1925에 실려 있다.

18) Mosse, *The Crisis of German Ideology*, p. 150.

학생들과 하급 교원들 사이에서, 그다음 하이데거의 저작이 하나의 계기를 이룬 복잡한 변증법을 거쳐 교수들 사이에서 말이다. 경제적이고 정치적인 사건들의 효과는 대학장의 특수한 위기를 매개로 실행된다. 이러한 대학장의 위기를 결정한 것은 학생들의 대량 유입,[19] 불확실한 취업, "대학 이하의 하급 교육기관에서 가르치거나" (히틀러의 정신적 스승이자 뮌헨의 보잘것없는 잡지인 『아우프 굿 도이치』*Auf gut Deutsch*의 가난한 편집자였던 에카르트[20]처럼) 대학 주변에서 궁여지책으로 살아가는 대학 프롤레타리아의 등장, 인플레이션으로 말미암은 대학교수의 사회·경제적 지위의 하락—이런 이유로 교수들은 자주 보수적이거나 민족주의적인 태도를 보였고, 나아가 외국인을 혐오하거나 반反유대적인 태도를 취했다[21]—등이었다. 여기에 국가와 거대 산업이 서로 다른 기대와 목표를 품은 채 대학에 주문하는 좀 더 실천적인 교육에 대한 요구가 불러온 효과, 그리고 1919년 이후 자신들의 강령에 교육개혁을 포함하면서 지적으로나 정신적으로 귀족적인 대학 전통에 반기를 든 정당들의 비판 효과도 덧붙일 수 있다.[22]

---

19) 고등 교육과정에 입학한 학생의 수는 1913~1914년에는 7만 2064명이던 것이 1931~1932년에는 11만 7811명이었다. 대략 164%가 증가했다. "인플레이션 시기 상대적으로 낮아진 학비가 학생들의 대량 유입을 부채질했다"(G. Castellan, *L'Allemagne de Weimar, 1918-1933*, Paris: A. Collin, 1969, p. 251 참조. 이런 대량 유입이 낳은 효과에 대해서는 F. Ringer, *The Decline of the German Mandarins: The German Academic Community, 1890-1933*, Cambridge: Havard University Press, 1969 참조).

20) 디트리히 에카르트(1868~1923). 나치당 기관지 『푈키셔 베오바흐터』의 원발행인이자 히틀러 영웅화를 처음으로 시도한 인물로, 나치 집권 후 국가 사회주의 사상의 초석을 다진 사상가로 추앙받았다. —옮긴이

21) 프란츠 노이만의 증언 참조. 이 증언은 P. Gay, *Weimar Culture, The Outsider as Insider*, p. 43에 인용되어 있다.

지식 프롤레타리아는 "자리 부족으로 대학 이하의 교육기관에서 가르칠 수밖에 없던 박사들"[23]이나 "거대한 과학 연구소들이 '국가자본주의' 기업들이 됨에 따라"[24] 증가한 "하급 지식 노동자"로 이루어지는데, 이들의 수는 독일 대학 체계의 논리에 떠밀려 하급 교육자의 위치에 눌러앉은 졸업 유예 학생들로 늘어났다. 그래서 한층 엄격해진 체계들 때문에 문학 카페로 내몰린 "자유로운 인텔리겐챠"가 대학 한가운데에 있었다. 이들은 대학이 제공하는 정신적 처우와 물질적 처우 간의 급격한 차이 때문에 문자 그대로 분열되어, 이미 경제적·상징적 특권을 침식당한 교수 집단의 집단적 운명을 간파하고 예고하는 **전위대** 역할을 맡을 만한 성향을 가지게 되었다.[25]

알다시피, 이는 당시 "대학의 위기"라 불렸는데, 여기에는 알로이스 피셔가 이름 붙인 "권위의 위기"가, 이와 더불어 교수들의 권위의 토대에 대한 재정의가 수반되었다. 모든 형태의 신비적 혹은 영적인 비합리주의가 그렇듯, 반지성주의도 언제나 대학 운영회의나 회의에서 내리는 평결에 항의하는 좋은 방식이다. 하지만 미래를 잃어버린 학생들

---

22) 1918년 이전 대학 안에서의 '근대적' 비판과 그 대표자들, 즉 케르셴슈타이너, 피르호, 지글러, 레만 그리고 1918년 이후의 비판자들인 레오폴트 폰 비제, 파울 나토르프, 알프레드 피어칸트, 막스 셸러에 대해서는 Ringer, *The Decline of the German Mandarins* 참조. 특히 그 책의 269~282쪽을 참조하라.

23) Mosse, *The Crisis of German Ideology*, p. 150.

24) M. Weber, *Le savant et le politique*, Paris: Plon, 1959, p. 57.

25) 대학에서는 승진이 매우 불확실해 학생들과 조교들은 "몇 학기 더, 그러면 실업자가 될 것이다"라는 우스갯소리를 하곤 했다. 교수들의 물질적 상황은 인플레이션의 타격을 심하게 받았다. 그래서 한 교수는 어느 책의 서문에서 계급이 낮은 직업 군인도 독일 대학의 가장 위대한 학자들보다 두세 배나 많은 임금을 받는다고 탄식했다(E. Bethe, *Homer*, Leipzig et Bonn, 1922, p. III).

이나 하급 교직원들의 반지성주의는 학문 제도에 대한 심도 있는 문제 제기로 이어질 수 없었다. 왜냐하면 피셔의 말처럼 그 반지성주의는 전통적으로 교수 사회가 불신한 지적 전통, 예를 들어 자연주의적 실증주의나 공리주의 같은 지적 전통만을 비난했기 때문이다.[26] 교수진의 상대적 위치의 객관적 하락과 19세기 말 이래 (자연과학과 인간과학의 진전, 이와 상관적으로 일어난 학제적 서열의 뒤바뀜과 더불어) "인문학 계열 학과들"에 영향을 미친 특수한 위기는 서구 문명과 문화의 쇠퇴에 대한 탄식에 참여하도록 대학교수들을 독려했다. 1918년 이래 독일 대학의 한복판에서 보수적 분개가 불거져 나왔고 그것은 "개인주의"(또는 "이기주의")에 대한 탄식, "공리주의적이고 물질주의적인 경향"과 **학문의 위기**Krise der Wissenschaft에 대한 비난 등과 같은 진부한 논의나 슬로건에서 자양분을 공급받았다. 이 보수적 분개가 정치적 보수주의 및 반민주주의의 색채를 띨 수밖에 없었던 이유는, 그것이 독일 대학의 학문적 규범과 지적으로 귀족적인 이상들에 대해 좌파 정당들이 가한(또한 적어도 부분적으로 인간과학, 특히 사회학이 바톤을 이어받은) 공격에 대한 반응에서 나왔다는 사실에서 찾을 수 있다. 프리츠 린저는 이처럼 단순한 감정적 자극제 구실을 하면서 결국 정치적 세계관을 지시하는 낱말들을 상기시켜 준다. 가령, **붕괴**Zersetzung나 **해체**Dekomposition라는 낱말은 '산업사회'에서는 사람들 사이에 자연적·비합리적·윤리적 유대가 취

---

26) A. Fischer. 이는 Ringer, *The Decline of the German Mandarins*, p. 412 이하에 인용되어 있다. 피셔가 제안한 교육개혁의 내용도 의미심장하다. '종합', 직관적이고 종합적인 시각, ('관찰'에 대립하는) 이해의 해석, '성격' 도야, '감정교육'에 부여된 우선권은 새로운 유형의 '지적 자질'을 부과하고, 지식인의 '능력'을 새롭게 정의하고자 하는 의지를 표현한다.

약하다는 점을 환기한다. 그뿐만 아니라, 사회적 응집의 전통적 토대들을 비판적 분석에 종속시킴으로써 이 토대들을 파괴하는 데 이바지했던 순전히 지적인 기술도 환기한다. 린저는 독일의 교수들이 그들 스스로가 말한 대로 문화의 위기에 대응하기 위해서가 아니라 자기네 문화자본의 위기에 대응해 생산한 반근대적·반실증주의적·반과학주의적·반민주주의적… 제안을 질리도록 인용한다.

"파괴적인 중상모략, 제멋대로인 것, 흉한 것, 이 기계 시대에 평준화와 기계화가 지닌 힘, 건강하고 고귀한 모든 것의 체계적인 와해, 강하고 진지한 모든 것을 조롱하려는 의지, 신성하면서 인간의 고양에 이바지하는 모든 것을 비루하게 만들려는 의지, 이런 것들이 사방에서 우리를 침범해 왔다."[27] "군중들이 노예나 자동인형, 또는 영혼과 사유가 없는 기계적 존재자들처럼, 그들 삶의 힘들고 단조로운 길을 따라 둔중하게 나아갈수록, 그들의 기술화되고 뻔한 사고방식에 비추어 볼 때, 철저하게 기계화되었다고 보이지 않는 어떤 것도 자연과 사회 안에 남아 있지 않게 된다. 군중들은 모든 것이 … 공장의 대량생산이 제공하는 것과 같다고 생각한다. 즉, 범속하고 평균적이라고, 모든 것은 똑같고 오로지 수로만 구별된다고 말이다. 군중들은 인종 간, 민족 간, 국가 간에는 아무런 차이가 없고, 재능이나 업적의 위계도 없으며, 한 사람이 다른 사람보다 우월하지 않다고 생각한다. 그리고 여전히 서로 다른 삶의 모델들이 있을 때, 군중들은 고

---

27) K. A. von Müller, *Deutsche Geschichte*, p. 26. 이는 Ringer, *The Decline of the German Mandarins*, p. 222에 인용되어 있다.

귀한 태생, 고귀한 교육, 고귀한 문화를 증오해 [이들 삶의 모델들을] 결정
적으로 평평하게 만들어 버리려 한다."[28]

직업적 전문 사상가가 사회적 세계를 사유한다고 믿을 때, 그는 항
상 이미 사유된 것을 사유하기 마련이다. 이 사유된 것이 헤겔이 아끼
던 저널에 관련되든, 에세이스트의 성공한 저서나 아니면 이 사상가의
동료의 저작에 관련되든 말이다―이것들은 모두 이 [사회적] 세계를 말
하지만 구사하는 학적 완곡어법의 수준 차는 있다. 베르너 좀바르트, 에
드가 잘린, 칼 슈미트, 오트마 슈판과 같은 대학교수들의 주장이나 묄러
판 덴 브루크, 오스발트 슈펭글러, 에른스트 윙거, 에른스트 니키쉬[29]와
같은 에세이스트들의 주장, 그리고 독일 교수들이 강의, 담화, 에세이를
통해 일상적으로 생산한 보수적 또는 '보수혁명적' 이데올로기의 헤아
릴 수 없는 변종들이 바로 하이데거의 사유 대상이었다. 그런 사람들에
게 하이데거가, 또한 자신들 서로가 서로에게 사유 대상이었듯이 말이
다. 하지만 그 사람들은 아주 특별한 종류의 사유 대상이었다. 왜냐하면
그들은 (사유와 표현의 도식을 제외하면) 하이데거의 고유한 윤리적-정
치적 기질에 근접한 객관화를 표상하기 때문이다.
　　이와 같은 주제와 어휘상의 수많은 만남, 그만큼 서로를 강화했던
수많은 만남을 알려면, [당시의] 시대정신을 대변했던 사람들의 저작 모

---

28) H. Güntert, *Deutscher Geist: Drei Vorträge*, Bühl-Baden, 1932, p. 14. 이는 Ringer, *The Decline of the German Mandarins*, pp. 249~250에 인용되어 있다.

29) 에른스트 니키쉬(1889~1967). 독일의 국가 볼셰비즘의 주창자. 독일사민당의 당원이었으나 민족주의적 이상에 심취, 평화주의에 반대했다는 이유로 당으로부터 추방되었다.―옮긴이

두를 인용해야 할 것이다. 이들은 공통 성향들에 대한 특별히 성공적인 객관화를 실현함으로써 집단 전체를 표현하고 정신구조를 가공하는 데 크게 이바지한다. 특별히 슈펭글러를 생각해 보면 된다. 1931년에 저술된 짧은 책 『인간과 기술』*L'Homme et la technique*은 『서구의 몰락』*Untergang des Abendlandes*이 담고 있는 이데올로기의 요체를 응축하고 있다. 『서구의 몰락』은 1918년에 1권이 출간되고 1922년에 2권이 출간되면서 공통적인 준거가 됐던 책이다.

> "합리주의, 자유주의, 사회주의라는 천박한 이론들"(O. Spengler, *L'Homme et la technique*, p. 125)에 대한 비난의 중심에는, "덧없음", "탄생", "퇴락"(p. 46)과 같은 인간 실존의 진리로부터의 도주라는 거의 하이데거적인 언어로 기술된 "소박한 낙관주의"(p. 38), 기술 진보에 대한 믿음(p. 44), "푸른 기저귀를 차고 장미 사탕을 문 진보주의자들의 희망"에 대한 비판이 도사리고 있다. 의미심장한 점은, 비록 초보적인 형식이기는 하나 죽음을 결단하는 의식(p. 46), 염려,[30] "정신적 임무를 미래로 기획투사", "미래의 자기 존재에 대한 몰입"이라는 주제가 이 문맥에서 인간 존재의 변별적 특질로 개진되었다는 점이다. 단순한 "신화"나 "우주의 비

---

30) '염려'는 독일어로 Sorge이고 프랑스어로 souci이다. 나중을 위해 미리 일러두자면, Sorge는 하이데거 『존재와 시간』의 핵심 개념으로, 인간 현존재의 존재이다. Sorge는 기획투사(실존성)-내던져져 있음(현사실성)-고려(퇴락/빠져 있음)의 삼원적 구조로 이루어져 있으며, 이 책에서 부르디외가 주로 분석하고 있는 '배려'(Fürsorge) 또는 '함께-있음'(Mitsein, 공동존재)의 근거가 된다. Sorge를 소광희(1995)는 '마음 씀'으로, 이기상(1998)은 '염려'로 번역했다. 아래에서는 명사 souci에 대해서는 Besorge(고려)/Fürsorge(배려)와의 관계를 고려해 '염려'라고 옮기고, 그 형용사인 soucieux는 '염려하는'이 부정적인 뉘앙스만을 담고 있기에 문맥에 따라 '마음 쓰는', '고심하는' 등으로 옮긴다. —옮긴이

밀들을 전체적으로 이해하고 드러내는 대신 이 비밀들을 특정 목적들에 이용할 수 있게 하는 것을 목적으로 하는" "실용적 가설"(p. 127)에 기반해 있는 파우스트적 과학에 대한 비판, 그리고 명실상부한 "물질주의적 종교"인 "기술에 대한 신앙"(p. 132)으로 귀결되는 **악마적인** 자연 지배의 의지에 대한 비판은, 기술에 의한 인간 지배(p. 138), "세계의 기계화"와 ("여전히 순진한 민중들이 손수 만든 작품들"의 반정립인) "인공적인" 것의 통치(p. 143)에 대한 묵시론적 환기(이는 "기술의 본질"을 쓴 하이데거를 예고한다)에서 완성된다. "살아 있는 모든 것은 조직화라는 바이스에 죄어 죽어 간다. 인공적 세계가 자연적 세계를 관통하며 마비시킨다. 문명은 모든 일을 기계처럼 하거나 기계처럼 하려고 시도하면서 그 자체가 기계가 된다. 이제 우리는 '증기기관'을 통해서만 사유할 수 있다. 폭포수 하나라도 마음속에서 그것을 전기 에너지로 변형하지 않고서는 바라볼 수 없다"(p. 144).

이러한 중심 주제는, 명시적인 논리적 연관은 없지만 "강자와 약자, 영리한 자와 우둔한 자를 구별하는"(p. 121) "자연적 범주들"에 대한 ─ 인종주의에까지 이르는(p. 109, pp. 154~155) ─ 노골적 찬양, 그리고 생물학에 기반을 둔 "자연적 위계질서"(p. 106)에 대한 적나라한 긍정과 얽혀 있다. 후자의 긍정은 "동물원"(p. 62)에서 관찰할 수 있는 사자와 암소의 대립처럼(p. 61), "항상 더 밀집해 있는" "가축의 무리"(pp. 113~114)와 시기만을 일삼는(p. 115) "대중" ─ "하급 인간들"(p. 105)의 단순한 "부정적 잔여"(p. 150) ─ 과 대립하는 "타고난 지도자", "포식성 동물", "풍부한 재능을 타고난 자"(pp. 113~114)가 지닌 "천재"와 "천부적 재질"(p. 137)에 대한 긍정이다. "자연 회귀"라는 "생태학적" 주제와 "자연법칙"이라는 위계적 주제의 병존이 보여 주는 이 두 주제 사이의 연관은 아마도 자연이라는 통념의 환상적 놀이에서 비롯되었을 것이다. 시골 자연에 대한 향수와 도시 문명에 대한 불만의 이데올로기적 이용은 자연 회귀와 자연법칙 회귀의 은밀한 동일시에 기대고 있었던 것이다. 이러한 동일시는 상이한 경로로 가동되는데, 이런 경로로는 가령 농부의 세계와 연합된 가부장적이거나 후견적인 유형의 마법적 관계들의 복원이나, 좀 더 노골적으로 말해 자연, 즉 본성(특히 **동물적인 본성**)에 보편적으로 새겨진 충동들과 차이들의 원용援用을 들 수 있다.

담론에 따라 조금씩 다르기는 하지만, 이 두 가지 중심 주제는 사회학적으로 밀접한 주제들에 연결된다. 예를 들어 "완전히 비자연적인" 도시와 그 도시에서 발달한 "완전히 인공적인"(pp. 120~121) 사회분열에 대한 저주, 그리고 삶·영혼·영혼의 삶에 대한 사유·이성·지성의 지배에 대한 비난(pp. 97~99), 분석적 재단에 맞서 "삶"의 통일성을 파악하는 데 유일하게 적합한 접근법인 포괄적·총체적 접근("골상학식 파악")에 대한 찬양과 연결된다.

철학적임을 자처하는 이런 고찰들의 정치적 진리는 1920년에 출간된 순수한 정치 소책자 『프로이센의 본질과 사회주의』*Preussentum und Sozialismus*에 고스란히 담겨 있다. 이 팸플릿은 『서구의 몰락』의 저자가 대학 공동체에서 얻었던 심오한 사상가라는 명성을 훼손하지 않았다. 슈펭글러는 이 소책자에서 "프로이센적 사회주의"를 개진하며, 그 사회주의를 물질주의적·세계시민주의적·자유주의적인 "영국적 사회주의"와 대립시킨다. 그에 따르면 독일인들은 프리드리히 2세까지 거슬러 올라가는 권위적 사회주의의 전통과 다시 이어져야 하며, 본질적으로 반자유주의

적이며 반민주주의적인 프로이센적 사회주의에서는 복종의 운명을 타고
난 개인보다 전체가 우선한다. 슈펭글러는 이 사회주의의 흔적을 심지어
베벨[31]의 독일 사회주의당과 이 당의 "전투적 노동자들", 규율이나 조용
한 결단에서 엿보이는 이들의 준군사적인 감각, 우월한 가치를 위해서라
면 용맹하게 죽을 수도 있는 이들의 능력에서조차 찾아낸다.

이런 담론 생산의 논리를 엄밀하게 발생적인 관점에서 보기 위해
서는, 하이데거가 여러 차례 최고의 지적 찬사를 보여 준 에른스트 윙거
를 참조할 수 있다. 윙거는 저널이나 소설처럼 "희소한", "경험들"의 독
특함을 계발하는 일을 용인하고 독려하는 장르들이 주는 자유에 힘입
어, 에세이스트들의 대개는 수고스러운 작품 구성의 숨겨진 원리들[32]인
시원적 환상들이 뿌리내리고 있는 "원초적 상황"을 직접 환기한다.

"이번 일요일에는 할인 가격으로 300에서 F. G.[33]와 함께 보내다. 대중들의
시선은 아주 끔찍하지만, 통계라는 차가운 눈이 대중들을 보고 있음도 잊
지 말아야 한다."(E. Jünger, *Jardins et routes, pages de journal, 1939~1940*,
trans. M. Betz, Paris: Plon, 1951, p. 46. 강조는 인용자)

"함부르크에서 이틀을 보내다. 거대 도시에 규칙적으로 갈 때조차 매번

---

31) 아우구스트 베벨(1840~1913). 『여성론』을 저술한 독일의 사회주의자이자 독일사민당의 창립
멤버. ─옮긴이
32) 담론이 검열을 받으면 받을수록 그만큼 사회적 환상의 노골적인 난입은 드물어진다. 그런데 하
이데거 철학은 매우 이례적으로 이와 같은 난입이 이루어진 경우다.
33) 에른스트 윙거의 동생 프리드리히 게오르크를 가리킨다. ─옮긴이

그 도시들의 **자동적인 성격**이 악화일로에 있음에 놀란다." (*Ibid.*, p. 50)

"영화관을 빠져나오는 관객들은 막 잠에서 깨어난 한 무리의 잠꾸러기들과 흡사하다. 그리고 **기계 음악**에 전 방에 들어갈 때면, 마치 **아편굴**에 들어선 듯하다." (*Ibid.*, p. 51)

"**초대형 도시들**의 안테나들은 곧추선 머리카락과 흡사하다. 그것들은 악마적인 교신을 요구한다." (*Ibid.*, p. 44)

필요한 일은 엘리트 영혼이 자신의 뛰어남을 체험할 수 있는 상황을 불러내는 것뿐이다. "비흡연자들의 구역은 다른 구역보다는 덜 붐빈다. 열등한 **금욕주의**조차도 사람들에게 약간의 **공간을 마련해 준다**." (*Ibid.*, p. 90. 강조는 인용자)

세계대전의 영웅이자 소렐[34]과 슈펭글러에게서 영감을 받은[35] 이 "보수적 무정부주의자" 특유의 사회적 세계관으로부터 비롯한 직관은 이렇다. 이후 이 "보수적 무정부주의자"는 전쟁, 기술, "총동원"을 찬양하고, 진정으로 독일적인 자유관을 **계몽**Aufklärung의 원리에서가 아니라 "독일적인" 책임과 "독일적인" 질서에서 모색할 것이다.[36] 그리고 합리주의적이고 부르주아적인 안정 욕구를 비난하면서 삶의 예술을 투쟁과 죽음의 예술로 간주하고 이를 찬양할 것이다. 이를 염두에 두고, 『노

---

34) 조르주 소렐(1847~1922). 반자본주의적·반엘리트주의적 노선을 걸은 프랑스의 사상가로, 극우와 극좌 모두에 영향을 미쳤다. 대표작으로는 과학 대신 신화, 평화 대신 폭력을 주창한 『폭력에 대한 성찰』(*Réflexions sur la Violence*, 1908)이 있다. —옮긴이

35) H. P. Schwarz, *Der Konservative Anarchist: Politik und Zeitkritik Ernst Jüngers*, Fribourg: Rombach, 1962.

36) S. Rosen, *Nihilism: A Philosophical Essay*, New Haven: Yale University Press, 1969, p. 114.

동자』의 테제보다는 덜 야심적이지만 더 투명한 정식화인 『반역론』[37] 에 표현된 [윙거의] "사회철학"을 살펴볼 수 있다. 이 저작은 일련의 대립들을 중심으로 조직되는데, 중심적인 대립은 알레고리를 통해 겉보기에는 영웅화된 노동자와 반역자 간 대립이다. 여기서 노동자는 "기술적 원리"를 표상하는데, 그는 "기술적인 것, 집단적인 것, 유형적인 것"을 통해 전적으로 자동적인 상태[38]로 환원되며, 기술과 과학, 편안함과 "수용된 충동"[39]의 노예가 된다. 요컨대 노동자는 아무개, 하나의 "수"가 되며, 이를 기계적으로, 순전히 통계적으로 합산할 때 "대중", 다시 말해 "최하층"의 "집단적 힘"이 생산되는데, 공짜 요금의 시대는 그때까지 제한돼 있던 장소에 이들을 들이붓는다.[40] "기술지배" 문명의 모든

---

37) E. Jünger, *Sur l'homme et le temps*, t. 1, *Traité du rebelle(Der Waldgang)*, Monaco: Editions du Rocher, 1957~1958.

38) *Ibid.*, p. 39, 51.

39) "우리가 필연의 대륙이 위치한 반구의 윤곽을 개략적으로 그렸다고 해 보자. 거기서는 **기술적인 것, 유형적인 것, 집단적인 것**이 때로는 장엄한 것으로, 때로는 가공할 만한 것으로 표출된다. 이제 다른 극, 즉 개인이 **수용된 충동**들에 따라서만 활동하지는 않는 곳으로 향해 보자."(*Ibid.*, p. 61) "작업장 풍경에서는 바로 **자동기계**가 중심을 차지해 버렸다. 이 상태는 일시적일 수밖에 없다. 모든 것은 **실체**를 상실한다, 모든 되거는 새로운 점유를, 그리고 **모든 쇠퇴**는 변신을, 회귀를 예고한다."(Jünger, *L'Etat universel*, Paris: Gallimard, 1962, p. 22) "만일 치명적 순간을 명명하고자 한다면, 타이타닉이 침몰하던 순간보다 더 잘 들어맞는 것은 없을 것이다. 거기서는 빛과 그림자가 갑작스럽게 충돌한다. **진보의 과잉**은 거기서 패닉과 맞닥뜨리며, 최상의 안락은 무에 부딪혀, **자동성**은 교통사고처럼 보이는 파국에 부딪혀 산산조각난다."(Jünger, *Traité du rebelle*, p. 42. 강조는 인용자)

40) "…다른 한편 그것[길]은 노예들의 야영지와 도살장이라는 **구렁텅이** 쪽으로 뻗어 있다. 이곳에서는 미개인들이 기술과 살인적인 동맹을 체결하며, 그리고 사람들은 더는 하나의 운명을 갖지 않으며 기껏해야 하나의 수가 될 뿐이다. 고유의 운명을 갖든지 아니면 하나의 수(數)처럼 취급받든지, 이는 오늘날 각자가 해결해야 할, 그러나 [오로지] 혼자서만 끝낼 수 있는 딜레마다. … 왜냐하면 **집단적 힘**이 전진해 옴에 따라서, 인격(personne)은 수세기를 거쳐 형성되어 온 오랜 유기체로부터 떨어져 나와 혼자가 되기 때문이다."(*Ibid.*, p. 47)

인과 결정이 만들어 낸 이와 같은 부정적 생산물 맞은편에는 '반역자',[41] 시인, 유일한 것, 우두머리가 있는데, 이의 (고귀하고, 고상한 등의) '왕국' 은 "숲이라 불리는" "자유의 장소"다. "숲 거닐기", "**통행이 잦은 길 바깥으로뿐만 아니라 성찰의 경계들 너머로 나아가는 모험적인 걸음**"[42] ── 이를 보고 어떻게 하이데거의 저서 『숲길』*Holzwege*을 생각하지 않을 수 있는가? ── 은 "고향 땅"으로의, "원천"으로의, "뿌리"로의, "신화"로의, "신비"로의, "성스러운 것"으로의, "비밀스러운 것"[43]으로의, 순박한 사람들의 지혜로의 회귀, 요컨대 "위험을 무릅쓰며", "노예 상태"[44]로 비

---

41) "반역자의 경우, 우주의 운행 때문에 조국에서 고립되고 조국을 잃어. 마침내 무에 빠지는 자를 우리는 반역자라 부른다. … 따라서 자기 본성의 법칙에 따라 **자유**와 관계 맺는 자, 그 관계가 시간상 그를 **자동성에 맞선 항거**로 이끌어 갈 때, 그는 누구나 반역적이다."(*Ibid.*, p. 39) "무정부주의자는 원-보수주의자다. … 무정부주의자의 노력은 계급이 아닌 인간의 상태 그 자체를 공격한다는 점에서 보수주의자와 구별된다", "무정부주의자는 전통도 세분화도 모른다. 무정부주의자는 자신이 국가나 국가기관들에 의해 요구되거나 통제되기를 원치 않는다. … 무정부주의자는 군인도 노동자도 아니다."(Jünger, *L'Etat universel*, p. 112, 114. 강조는 인용자)

42) Jünger, *Traité du rebelle*, p. 19.

43) "무가 승리했다고 가정할 때조차 … 여전히 하나의 차이가 남으며, 그 차이는 낮과 밤의 차이처럼 근본적이기도 하다. 한편으로 길은 **숭고한 왕국**을 향해, 삶의 희생을 향해, 또는 무장해제 없이 투항한 전투원의 운명을 향해 위로 **뻗어** 있다." … "숲은 비밀스럽다. 비밀스러운 것은 **친밀한 것**, 잘 닫힌 안식처, 안전한 성채다. 허나 그것은 또한 은밀한 것이며, 이런 의미에서 비밀스러운 것은 기이한 것, 애매한 것과 가깝다. 우리가 그런 **뿌리**들과 마주쳤을 때, 우리는 그 뿌리들이 삶과 죽음이라는 거대한 ── 아직도 여전히 더 거대한 ── 반정립과 동일성을 벗어나고 있음을, 신비들은 그 암호들을 푸는 데 몰두하고 있음을 확신할 수 있다."(Jünger, *Traité du rebelle*, p. 47, 68) "**본래적 주권성**을 확립하고자 한다면, 표면으로부터 고대의 심연으로 다시 파고들어야 한다는 것이 슈바첸베르그의 생각 중 하나였다."(E. Jünger, *Visite à Godenholm*, Paris: Chr. Bourgois, 1968, p. 15)

44) "(사람들이 파국이 도래함을 감지할 때) 그 순간 행동은 **예속**보다는 위험을 선호하는 자, 곧 **엘리트**들의 손을 항상 거치기 마련이다. 또한 엘리트들의 기획은 항상 반성에 앞설 것이다. 반성은 우선 시대 **비판**의 형식, 인정된 가치들의 불완전성을 의식하는 형식을 택할 것이며, 그런 다음 회상이라는 형식을 택할 것이다. 회상은 시원에 훨씬 근접한 아버지들과 그들의 여러 위계에 준거할 수 있다. 이 경우 회상은 과거의 복원을 향해 갈 것이다. 위험이 자라도록 하라, 그러면 구원

굴하게 사느니 차라리 죽음을 택하는 사람의 "원초적 힘"으로의 회귀를 약속한다. 따라서 한편에는 평등, 집단성, 수평적 사회주의,[45] "사회 보장의 세계",[46] 수차례 "동물원"[47]으로 지칭된 우주가 있다. 그리고 다른 한편에는 "소박한 사람들"과 "겸손한 사람들"[48]이 보여 준 우애를 거부하지·않는 "소수의 엘리트"[49]를 위한 왕국이 있다. 그런 까닭에, 거닐기recours는 회귀하기retour며,[50] 알다시피 이와 같은 사회적 세계관은 시간성의 철학으로 집약된다. 기술적 세계의 최종적 "파국"을 향해서 치

이 좀 더 심층적으로 추구될 것이다, 바로 어머니들에게서. 또한 이런 접촉은 시대의 힘이 막을 수 없었던 원초적 에너지를 솟아나게 할 것이다."(Jünger, *Traité du rebelle*, p. 51) "역사의 강제보다 우월한 지혜인 의식은 항상 있어 왔다. 그것은 처음에는 오로지 소수의 영혼에서만 개화할 수 있었다."(Jünger, *Visite à Godenholm*, p. 18. 강조는 인용자).

45) "이 모든 착취, 가치 절하, 군사화, 결산, 합리화, 사회화, 토지대장의 손질, 재분할, 세분화는 문화도 성격도 전제하지 않는다. 왜냐하면 문화나 성격 모두 자동성에 편견을 심어 주기 때문이다." 조금 더 뒤에서는 "존재자들은 집단이나 집단의 구조에 너무 갇혀 있어서, 그로부터 자신을 거의 보호할 수 없을 지경이다."(Jünger, *Traité du rebelle*, p. 32, 55. 강조는 인용자)

46) "사회보장의 세계, 건강보험의 세계, 의약품 공장과 전문의로 제작된 세계를 어떻게 생각하든, 사람들은 그것들 없이 지낼 수 있을 때 훨씬 강하다."(*Ibid.*, p. 93) "평준화 국가 … 보험국가, 요람국가, 그리고 복지국가."(Jünger, *L'Etat universal*, p. 28. 강조는 인용자)

47) "이 단계에서 사람들은 어쩔 수 없이 동물적 존재로 취급받는다. … 그리하여 처음에는 초보적 공리주의의 근처에, 그런 다음 동물성의 근처에 도달한다."(Jünger, *Traité du rebelle*, p. 76, 강조는 인용자)

48) "… [프랑스 농부와의] 이 만남은 노동으로 이루어진 오랜 삶이 인간에게 가져다준 존엄함을 보여 주었다. 놀라운 것은 이 사람들이 항상 보여 주는 겸손이다. 그것은 그들 스스로를 두드러지게 하는 그들만의 방식이다."(E. Jünger, *Jardins et routes*, pages de journal, 1939~1940, p. 161. 강조는 인용자)

49) Jünger, *Traité du rebelle*, p. 89.

50) "회귀하는 시간은 데려오고 또 데려오는 시간이다. … 반대로 진보하는 시간은 사이클이나 회전주기로 측정되지 않고, 눈금들로 측정된다. 즉 진보하는 시간은 동질적이다. … 회귀에서 본질적인 것은 시원인 반면, 진보에서 본질적인 것은 끝이다. 우리는 이를 천국에 관한 교리에서 확인할 수 있는데, 어떤 사람들은 천국을 시원에 놓지만, 다른 사람들은 끝[목적]에 놓는다."(E. Jünger, *Sur l'homme et le temps*, t. II. *Traité du sablier*, Monaco: Editions du Rocher, 1957~1958, p. 66. 강조는 인용자)

닫는 단선적·진보적·진보주의적 시간에, **보수혁명**의 완벽한 상징, 혁명의 부인_{否認}으로서의 **회복**[51]의 완벽한 상징인 "회귀하게 하는" 순환적 시간을 대립시키는 철학 말이다.

차이들 ── 특히 가장 공공연한 저자들 간의 차이들 ── 을 기억해 두기 힘들 정도로 아주 단조로운 이데올로기적 우주와 마주하면, 학자들은 구조주의가 강화하기만 했던 식자_{識者}의 직업적 반사 신경으로, 먼저 각 저자나 연관된 저자들 무리에 대해 관여적 대립들의 '표'를 그릴 생각을 한다. 그러나 실상 이와 비슷한 형식적 구성물은, 생산물이 아닌 생산 도식의 수준에 놓여 있는 이데올로기적 성운의 특수한 논리를 사장하는 결과를 초래할 것이다. 한 시대 전체의 표현들에 객관적 통일성을 제공하는 **공통 화제**[52]의 고유성은 바로 유사-불확정성이며, 이 점

---

51) 윙거는 'eigen'(자신의), 'Eigenschaft'(고유한 특성), 'Eigenschaftlichkeit'(고유성)*라는 낱말을 통해 하이데거가 한 말놀이, 즉 맑스식으로 말하자면 'Eigentum(소유물/소유권)과 Eigenschaft(특성)라는 낱말을 가지고 부르주아가 벌인 말놀이'가 무엇을 은폐하고 있는지 매우 명확히 확인할 수 있게 한다. "특성[소유물]은 실존적이며, 그것의 소지자에 붙어 있고 그 소지자의 존재에 뗄 수 없이 연관되어 있다." 또는 "인간들은 형제지만 동등하지는 않다." 하이데거에게서 보다 조잡한 반박에 상응하는 보다 약한 완곡화의 수준에서 [윙거는 다음과 같이 말한다.] "마찬가지로 이것은 우리의 용어가 러시아 혐오의 의도를 감추지 않는다는 것을 말한다." … "우리의 의도는 정치와 기술의 흑막들을 비난하거나 둘의 결합을 비난하는 것이 아니다."(Jünger, *Traité du rebelle*, p. 57, 58, 117, 120)

* 하이데거의 핵심어이기도 하며, 이때는 '본래성'으로 번역된다. 하이데거가 이 말의 근원을 eigen(자기의)으로 보는 이상, 하이데거에게서 '본래성'은 말 그대로는 "자신의 고유성을 얻음"을 뜻한다. ─옮긴이

52) topiques. 이 말의 어원은 그리스어 '장소'를 뜻하는 토포스(topos)로, 일반적으로 특정 장의 성원들 모두에게 통용되는 일반 공리, 공통의 논점이나 화제, 또는 공통의 분류법 등의 뜻을 담고 있다. 상투어나 흔해 빠진 생각, 혹은 어떤 주제에도 적용할 수 있는 일반적 논거 등의 뜻을 담고 있는 프랑스어 'lieu commun'은 거의 같은 뜻을 지니고 있으며, 부르디외는 이를 "사유를 구조화하고 세계관을 조직하는 근본 대립들의 집합"으로 규정한다. 앞으로 수차례 나오게 될 '통념'이라는 말은 바로 이 'lieu commun'(lieux communs)을 옮긴 것이다. 이 말은 이후 등장

에서 공통 화제들은 신화 체계의 근본 대립들과 비슷해진다. 가령, 문화Kultur와 문명Zivilisation의 대립에 대한 활용법 모두가 교차하는 지점은 거의 비어 있을 것이다.[53] 그렇다고는 해도 이와 같은 구별의 실천적 숙달은 일종의 **윤리적이고 정치적인 방향 감각**으로 기능하면서 개별적인 경우마다 흐릿하나 전체적인 구별들이 생산되도록 해 준다. 이 구별들은 다른 사용자가 활용하는 구별들과 완벽히 겹치지도 완벽히 다르지도 않을 것이며, 이 때문에 당대의 표현들 모두에 통일적인 분위기를 제공하게 될 것이다. 그리고 이와 같은 통일적인 분위기는 논리적 분석에 저항하지 않으며, 오히려 동시대성에 대한 사회학적 정의에서 중요한 요소 중 하나이다.

그런 식으로 슈펭글러에게서 문화는 "인류가 가질 수 있는 가장 인공적이고 외적인 상태"인 문명과 대립한다. 동역학이 정역학에, 생성이 생성된 것(사후경직)에, 내적인 것이 외적인 것에, 유기체가 기계에, 자연적으로 발달한 것이 인공적으로 구축된 것에, 목적이 수단에, 영혼·생명·본능이 이성·퇴폐에 대립하듯 말이다. 알다시피, 근본 대립들은 아주 모호하게 정의된 유비들을 통해, 카드로 만든 성처럼 서로에게 기댐으로써만 유지된다. 건물 전체를 무너뜨리려면 그중 하나를 떼어 내는 것으로 족하다. 각각의 사상가는 원초적인 도식들과 이것들을 받쳐 주

할 독사(doxa), 가상(illusio)이라는 개념과도 연관되어 있다. —옮긴이

53) 노르베르트 엘리아스는 이 두 용어와 결부된 '교양 있는 사교 모임들의 망'을 분석한다. 이 망은 세련된 사회적 형식들 사이의 대립 언저리에서, 즉 한편으로는 정교한 예절과 세속적 인식 간의 대립, 다른 한편으로는 본래적 영성과 가꿔진 지혜 간의 대립 언저리에서 조직된다(N. Elias, *Über den Prozess der Zivilisation*, vol. 1, Bâle: Hans zum Falken, 1939, pp. 1~64 참조).

는 실천적 등가물들로부터 자신만의 계열을 생산한다.[54] 슈펭글러처럼 표준 대립을 원초적인 형태로 사용하거나, 아니면 이 대립을 똑같은 기능을 하는 '본질적 사유'와 과학의 대립으로 대체한 하이데거처럼 한층 세련된, 그러나 대개는 오인될 수 있는 형식으로 사용하거나 하면서, 각각의 사상가는 상황이나 맥락에 따른 응용물을 만들어 낼 수 있다 ─ 이런 응용물은 부분적 체계화를 정초하는 실천적 대립들 사이의 등가성 논리에서는 정당화되나 엄밀한 논리학에서라면 모순이라고 판단할 것이다.

시대정신Zeitgeist이라는 통일성 원리는 공통의 이데올로기적 모태, 공통 도식들의 체계다. 이 공통 도식들은 무한한 다양성이라는 외양을 넘어 통념들les lieux communs, 즉 사유를 구조화하고 세계관을 조직하는, 대략 등가적인 기본 대립들의 집합을 발생시킨다. 이 중 중요한 것만 들어 보자면, 문화와 문명의 대립, 독일과 프랑스의 대립, 또는 다른 관점에서는 독일과 세계시민주의의 패러다임인 영국의 대립, '공동체', 퇴니스의 게마인샤프트와 '인민'Volk 또는 원자화된 '대중'의 대립, 위계와 평준화의 대립, **지도자**Führer 또는 **제국**Reich과 자유주의·의회주의·평화주의의 대립, 시골 또는 숲과 도시 또는 공장의 대립, 농부 또는 영웅과 노동자 또는 상인의 대립, 생명 또는 유기체와 기술 또는 비인간화하는 기

---

54) 아르민 몰러는 "독일 레닌주의"에서 "이교도적 제국주의"에, "포퓰리즘적 사회주의"에서 "신사실주의"에 이르는 최소한 백 가지 경향들을 구별하면서도, 가장 다양한 운동들에서도 공통된 분위기(mood)를 띨 수밖에 없었던 여러 구성 요소를 재발견한다(A. Mohler, *Die konservative Revolution in Deutschland*, Stuttgart, 1950 참조).

계의 대립, 전체와 부분 또는 파편의 대립, 통합과 파편화[55]의 대립, 존재론과 과학 또는 신 없는 합리주의의 대립 등이 있다.

이런 대립들, 그리고 이런 대립들 덕분에 발생할 수 있는 문제들은 보수 이데올로그만의 전유물이 아니다. 그것들은 이데올로기 생산장의 구조에 새겨져 있는데, 이 생산장에서는 그 구조를 이루는 대립적 위치들의 적대들에서 그리고 이 적대들에 의해, 당대의 모든 사상가가 공유하는 문제 설정이 발생한다. 허만 레보빅스의 지적처럼, 슈펭글러가 대표하는 우파와, [서로] 가깝지만 반정립적인 두 형태인 니키쉬와 윙거가 대표하는 좌파, 즉 극우파를 포함한, 보수 이데올로그들이 이루는 하위 장 자체도 이런 생산장에 편입되어 있다. 또한 자유주의와 사회주의에의 지속적인 참조가 입증하듯이, 이 하위 장의 생산활동은 적어도 부정적으로는 이런 [생산장에 대한] 귀속 효과를 통해 표시된다. 그래서 기술, 과학, '기술지배' 문명 등에 대한 보수주의자들의 염세주의는, 메이어 샤피로가 '개량주의적 가상'과 동일시한 낙관주의의 구조적으로 강요된 맞수다. 샤피로에 의하면 "개량주의적 가상은 특별히 전후의 짧은 번영기 동안 급속히 퍼져 나갔는데 … 이 가상에 따르면, 테크놀로지의 진보는 ── 생활수준을 높이고 집세나 생필품의 가격을 낮춤으로써 ── 계급갈등을 해소하거나 적어도 효과적인 계획화의 기술 발달을 촉진하여 결국은 사회주의로의 평화적 이행을 가져온다."[56] 그리고 더 일반적

---

55) 횔덜린에 대한 관심, 특히 청년운동에서의 관심은 아마도 횔덜린이 파편화된 세계에서 통합을 숭배한 점, 그리고 자기의 사회에서는 이방인인 파편화된 인간을 파편화된 독일과 대응되도록 했다는 점을 통해 설명될 수 있을 것이다(P. Gay, *Weimar Culture, The Outsider as Insider*, pp. 58~59 참조).

으로는, 보수혁명가들의 '철학'은 "근대성에 대항하는, 자유주의적이고 세속적이며 산업적인 우리 문명을 특징짓는 관념과 제도 복합체에 대항하는, 이데올로기적 공격"[57]이라고 본질적으로 부정적인 방식으로 정의된다. 이 철학은 단순한 부호 바꾸기를 통해 자기 적들의 속성들로부터 연역된다. 친프랑스적, 유대적, 진보주의적, 민주주의적, 합리주의적, 사회주의적, 세계시민주의적이라는 속성들을 지닌 (하이네로 상징되는) 좌익 지성인들은 "신비적인 독일 정신Deutschtum의 회복, 독일인의 본래 특징을 보존할 수 있는 제도의 창조"[58]를 목표로 삼는 민족주의적 이데올로기에서 이를테면 자신의 부정을 호명한다.

어떤 정신들이 같은 '가능한 것들의 공간'에 준거하도록 강제되고 대개는 같은 대립들에 따라 구조화되는 경우, 이들 사이의 논쟁이 극단의 혼란으로 이어지지는 않는다. 세부 사항도 뉘앙스도 모르는 회고적 지각이 믿게 하는 것과 달리 말이다. 왜냐하면 [논쟁의] 생산과 수용이 항상 윤리-정치적 방향 감각에 인도되기 때문이다. 이러한 윤리-정치적 방향 감각은 각각의 낱말이나 주제에, 심지어 과학에서의 양화量化 문제나 과학적 인식에서의 체험Erlebnis의 역할 문제처럼 정치와 가장 무관해 보이는 주제에도 이데올로기적 장에서 분명한 자리를 할당한다.

---

56) M. Schapiro, "Nature of abstract art", Marxist Quarterly, I. janvier-mars 1937, pp. 77~98.

57) F. Stern, *The Politics of Cultural Despair: A Study in the Rise of Germanic Ideology*, Berkeley-L.A.-Londres: University of Califonia Press, 1961, pp. XVI-XVIII.

58) I. Deak, *Weimar's Germany Left-Wing Intellectuals, A Political History of the Weltbühne and its Circle*, Berkeley-L.A.: University of Califonia Press, 1968 참조. 또한 Stern, *The Politics of Cultural Despair*도 참조. 이와 같은 이데올로기적 구축이 이루어진 이유 중 하나는 유대인이 지성계에서 차지하는 지도적 위치다. 유대인들은 출판사, 비평지, 화랑 대부분을 소유했고, 연극이나 영화, 심지어 비평에서도 중요한 위치를 차지했다. (*Ibid.*, p. 28 참조)

대략 좌파적이라거나 우파적이라는, 혹은 모더니즘의 편이거나 반모더니즘의 편이라는, 혹은 사회주의나 자유주의의 편이거나 보수주의의 편이라는 식으로 말이다. 이는 대학 위기로 배가된 정치적 위기의 시대에 두드러진다.

양화 문제에 관해서 입장을 제시한 모든 보수주의자처럼 (예를 들어 슈판과 그의 **전체성**Ganzheit처럼) 좀바르트도 종합과 총체성의 편을 들었고, 따라서 '서구의'(다시 말해 프랑스와 영국의) 사회학과 이 사회학의 '자연주의'를 형성하는 모든 것에 대해, 다시 말해 기계론적 법칙의 탐구·'양화'·'수학화'에 대해 적대적이었다. 좀바르트는 이와 같은 인식이 무미건조하며 실재의 본질Wesen에 접근하지 못한다고, 특히 **정신**Geist의 영역으로 확장될 때 그렇다고 탄식하며, 이런 인식을 '인본주의적', 다시 말해 독일적인 사회학과 대립시킨다. 좀바르트에 따르면, 이런 인식은 자연과학의 발달과 유럽 문화의 '붕괴'Zersetzung, 다시 말해 세속화와 도시화, 인식에 대한 기술공학적 견해의 발달, 개인주의, 전통적인 '공동체'의 소멸과 상관적이다. 알다시피, 사회적 지각의 실천적 종합은 얼핏 아무 연관도 없어 보이는 항들의 집합에서 전적으로 유기적인 연대성을 파악해 낸다. 그리고 해당 집합의 원소들 각각에 의미론적 성좌 전체가 현전함을 예감케 하는 이와 같은 연대성은, '인격'이나 '**체험**'Erlebnis처럼 "길모퉁이마다 잡지마다 한 자리를 차지할 정도로 … 보란 듯 숭배되는 우상들"에 대한 베버의 경계처럼[59] 대상에 대한 얼핏 과도해 보이는 의심들과 비난들을 설명해 준다.

마찬가지로 윙거 저작[60]의 핵심어들, 가령 **형태**Gestalt, **유형**Typus, **유기적 구축**organische Konstruktion, **총체적**total, **총체성**Totalität, **전체성**Ganzheit, **위계** Rangordnung, **기초적**elementar, **내적**innen 같은 낱말들만으로도 이 장에서 방향을 잡을 줄 아는 사람에게는 윙거의 위치를 정하기에 충분하다. 총체성Gestalt, total, Totalität, Ganzheit은 직관으로anschaulich만 파악될 수 있고, ('더해지는' 것과는 반대로) 부분들의 총합으로 환원될 수 없으며, 궁극적으로는 부분들로 나뉠 수 없고, 오히려 유의미한 방식으로 통일체로 통합되는 '성원들'로 합성된다. 이러한 총체성은 총합·집적·메커니즘·분석, 심지어 —— 라인홀트 제베르크가 다시 합성해야 할 흩어진 사실들이라는 관념을 시사한다고 비난한—— 종합과 같이 곧장 실증주의 혐의를 받을 수 있는 개념들과 대립한다. 요컨대 '모든', '총체적', '총체성'이라는 낱말들은 그것과 대립하는 것들을 통해서만 정의될 필요가 있다. '총체적'(또는 '전체적/전인적')이라는 낱말은 표식 역할을 함과 동시에 수식하는 낱말들의 좋은 측면을 부각하는 일종의 감탄사로도 기능한다. 독일 교수들이 학생들의 **'전인적인'**global **성격을 도야시키고** 싶다고 말하거나 '순전히' 분석적인 기술보다는 '전체적인' 직관을 선호한다고 공언할 때, 민족 '전체'('전' 민족)에 대해 말할 때가 그런 경우다.[61] [보수 이데올로그의] 개별적인 어휘집, 이 경우에는 윙거의 어휘집에서 이 용어들은 **이데올로기적으로 잘 배합되는** 다른 낱말들(예를 들어, '유기적', '위계', '기초적', '내적'

---

59) Weber, *Le Savant et le politique*, pp. 65~66.
60) Jünger, *Der Arbeiter*, in *Werke*, p. 296.
61) Ringer, *The Decline of the German Mandarins*, p. 394.

등)과 연결된다. 그러므로 각각의 사유는, 정치-윤리적 방향 감각에 토대
를 두고 있는 순전히 사회학적인 응집력으로 연결되는 낱말들과 주제들
의 성좌로 제시된다. 위치들과 입장들 사이의 **실천적 연관에 대한 감각,** 이
는 어떤 장과의 빈번한 교섭으로 획득되는 것이자 대립적 위치의 점유자
들이 최소한 공유하는 것으로서, 전문 언어들의 얼핏 중립화된 듯 보이는
용어들이 담고 있는 윤리적이거나 정치적인 내포들을 단번에 '느끼게'
해 주고(그리고 이는 교수 이데올로기가 표출되도록 독촉받고 자율성의 외양
이 약해지는 위기의 순간에는 거의 명시적인 방식으로 이루어진다), 가령 **직
관**Schauen, **본질직관**Wesensschau, **체험**Erleben, **경험**Erlebnis(청년운동은 일종의
신비적인 **공동존재**Mitsein의 일종인 **소속감**Bunderlebnis에 대해 많이 말한다)처럼
하찮아 보이는 낱말들의 보수적 색깔들을 가려내도록 해 주거나, 혹은 기
계론 또는 실증주의와 기술 또는 평등주의 사이의, 혹은 공리주의와 민주
주의 사이의 감춰진 연관을 지각하도록 해 준다.[62]

이데올로그 중 누구도 가용한 도식들 전체를 동원하지는 않으며,
이 때문에 가용한 도식들은 그것들이 편입된 상이한 '체계들'에서 똑같
은 기능을 수행하지도, 똑같은 비중을 지니지도 않는다. 각각의 이데올

---

62) 놀이 [게임] 감각은 개념들의 공간에서 방향을 잡도록 해 주는 '이론적' 감각이나, 행위자들과
제도들로 이루어진 사회공간 ── 이 내부에서 궤적들이 정해진다 ── 에서 방향을 잡도록 해 주
는 사회적 감각과 분리될 수 없다. 개념들 또는 이론들은 언제나 행위자, 제도, 선생, 학교, 분과
학문 등에 의해 배달되며, 그러므로 사회관계들에 편입되어 있다. 이로부터, i) 개념적 혁명은
장 구조의 혁명과 분리될 수 없다는 점, 그리고 ii) 분과학문들 사이의 또는 학교들 사이의 경계
는, 수차례 과학적 진보의 조건이었던 잡종교배(hybridation)의 주요한 장애의 일부가 된다는
점이 도출된다.

로그는 자기가 동원하는 공통 도식들의 개별적 조합을 통해 어떤 담론을 생산할 수 있는데, 이 담론은 물론 다른 모든 담론의 변형이긴 하지만 그렇다고 다른 담론으로 완전히 환원될 수는 없다. 이데올로기의 힘은 부분적으로는 그것이 발생적 하비투스들의 협연에 의해, 또 그 협연에서 실현된다는 사실에서 비롯된다. 독특하나 객관적으로 일치하는 이러한 성향 체계들은, 그 생산물들의 만화경 같은 다양성에서, 또 그 다양성을 통해 통일성을 확보한다. 이 생산물들은 단지 다른 변종들의 변종으로서, 중심이 어디에나 있으면서 동시에 어디에도 있지 않은 원을 형성한다.

'보수혁명가들'[63]은 대체로 국가의 행정 관료라는 특권적인 지위가 가져다주는 위엄에서 축출된 부르주아나, 학교에서의 성공으로 품게 된 열망이 좌절된 소부르주아였다. 이들은 자신들의 모순적인 기대에 대한 신비적 해결책을 '영혼의 혁명'인 '영적 재탄생'과 '독일혁명'에서 찾는다. 즉, 민족의 구조를 혁명적으로 바꾸지 않고서도 민족을 '재활성화할' '영적 혁명' 덕분에, 현실적으로 또는 잠재적으로 탈계급화된 보수혁명가들은 사회질서 내에서 자기네의 특권적 위치를 유지하고자 하는 욕망과 자기네에게 이러한 위치를 내주지 않는 질서에 대한 반역을 화해시킬 수 있는 것이다. 동시에, 자기네를 배제한 부르주아 계급에 대한 적대감과, 자기네를 프롤레타리아와 구별되게 해 주는 가치들을 위협하

---

63) 이 표현은 1927년 휴고 폰 호프만슈탈이 '신보수주의자', '보수적 청년들', '독일 사회주의자', '보수적 사회주의자', '혁명적 민족주의자', '볼셰비키적 민족주의자'라 자칭한 일군의 사람들을 명명하기 위해 고안한 것이다. 슈펭글러, 윙거, 오토 슈트라서, 에드가 융 같은 사람들이 흔히 이 범주로 묶인다.

는 사회주의 혁명에 대한 반감도 화해시킬 수 있게 된다. 자급자족적인 농경(또는 봉건) 사회의 유기적 총체성을 회복하려는 퇴행적 열망은, 자본주의나 맑스주의처럼, 부르주아의 자본주의적 물질주의나 사회주의자의 신 없는 합리주의처럼, 위협적인 장래를 현재 예고하는 일체에 대한 혐오 섞인 공포의 이면에 불과하다. 하지만 '보수혁명가들'은 자기네의 퇴행적 생각에 때로 맑스주의나 진보주의자에게서 빌려 온 언어를 덧씌움으로써, 그리고 쇼비니즘과 반동을 휴머니스트들의 언어로 전도함으로써, 자기네의 운동을 지적으로 존중받을 만한 것으로 만들어 낸다. 하지만 이는 기껏해야 그들 담론의 구조적 애매성과 이 담론이 대학가에서 내뿜었던 마력을 강화할 뿐이다.

"모든 **민족적** 또는 '보수혁명적' 이데올로기의 특징인 애매성 때문에 가령 폴 드 라가르드 같은 사상가들은 자유주의적 대학인들을 매료시킬 수 있었다. 이 대학인들은 에른스트 트뢸치가 그러했듯이, 라가르드가 보여주는 인간과 민족에 대한 미학적-영웅적 시각, 비합리적인 것·초자연적인 것·신적인 것에 대한 유사-종교적인 믿음, '천재'에 대한 찬양, 정치적이고 경제적인 인간에 대한 경멸, **일상적 실존에 매몰된 일상인에 대한 경멸**, 일상인의 욕망에 순응하는 정치 문화에 대한 경멸, 근대에 대한 거부, 이런 데서 위대한 독일 관념론을 알아본다."(Stern, *The Politics of Cultural Despair*, 특히 pp. 82~94 참조) 철학자 프란츠 뵘은 라가르드를 데카르트적인 합리주의와 낙관주의에 맞선, 독일 정신의 주요 수호자로 본다(F. Böhm, *Anti-Cartesianismus: Deutsche Philosophie im Widerstand*, Leipzig, 1938, p. 274 이하 참조. Stern, *The Politics of Cultural Despair*, p. 93의 주석에 인용되어 있다). 요컨대 모스의 언급처럼 노동자들은 보수혁명적인 메시지에 무지했던 반면, 교양 있는 부르주아는 그 메시지에 물들어 버렸다.[64] 대학이 처한 위기 상황도, 에세이스트에 대한 규약적인 경멸과 결부된 일상적인 저항을 약화하는 데 일조했을 것이다.

마찬가지로, 직업적 전문 역사학자들은 슈펭글러의 방법에 대해서는 유보를 표하긴 했으나 적어도 가장 보수적인 자들만큼은 그가 내놓은 결론의 맹렬함을 잊지 않고 축복했다. '통속화하는 자'에 대한 대학인의 구조적 적의와 반감을 감안할 때, 당시 가장 유명한 고대 역사가였던 에두아르트 마이어조차 다음과 같이 쓸 지경이었다면, [그 당시의] 이데올로기적 공모가 어느 정도였을지 상상할 수 있다. "슈펭글러는 현재의 지배적 관점을 비판하고 있는 (『서구의 몰락』) 여러 장에서, 국가와 정치를 다루고 있는 장들에서, 민주주의와 의회 정부 그리고 의회 정부의 비열한 책략을 다루고 있는 장들에서, 전능한 언론을 다루고 있는 장들에서, 거대도시·경제적 삶·돈과 기계의 본성에 대해 다루고 있는 장들에서, 내적 붕괴Zersetzung의 요소들을 명석하게 묘사했다."[65] 알다시피 슈펭글러

---

64) 민족적(völkisch) 담론은, 자기 지위를 지키기에 급급했고 특히 문화적인 물음들에 대해서 노동자들과의 구별에 마음을 썼던 소부르주아를 배제하지 않는 비귀족적 엘리트주의로서, 피고용인들에게까지 파급될 수 있었고, 피고용인 조합 중 가장 중요했던 DHV*를 자기편으로 끌어들일 수 있었다. DHV는 중요한 재정적 지원을 아끼지 않았고 민족적 작가들의 글의 출판이나 보급을 도와주었다(Mosse, *The Crisis of German Ideology*, p. 259 참조). 이를 통해 DHV는 "피고용인들이 그들 자신에 대해 가진 시각을 낭만화하고" 장인이 지배하던 과거로의 회귀라는 향수를 부추기는 데 일조했다(p. 260).
   * 독일 상점원 연맹(Deutscher Handlungsgehilfen-Verband, 1893~1933). 노동조합으로 사회민주주의와 자유주의에 반대한다. 반유대적인 성격을 지녔으며, 보수혁명을 지지하고 나치당에 협력했다. ─옮긴이
65) Ringer, *The Decline of the German Mandarins*, p. 23에 인용되어 있다.

는 가장 저명한 대학인들 주변에서도 사상가로서의 명성을 얻었으며, 이는 여전하다(가령, 내가 쓴 『하이데거의 정치적 존재론』에 대한 논평에서 한스 게오르크 가다머가 "고독한 슈펭글러의 범상치 않은 상상력과 종합적 에너지"[66]라는 말로 슈펭글러에게 보낸 굳건한 경의가 이를 잘 보여 준다). 하이데거의 경우, 슈펭글러의 여러 주제를 계승하는 가운데 그것들을 좀 더 완곡하게 표현했으며(『형이상학 입문』에서 그가 주해한 헤라클레이토스의 여러 단편 가운데, 단편 97의 개와 당나귀는 슈펭글러가 말한 사자와 암소를 대신한다), 윙거 사상의 중요성을 누차 말했음은 잘 알려져 있다. 하이데거는 윙거와 친분을 맺었고 서신을 교환했다. 윙거에게 헌정한 한 시론에서 하이데거는 다음과 같이 썼다. "1939~1940년 겨울 학기 강연에서 나는 몇몇 대학의 교수들 앞에서 『노동자』를 설명했다. 교수들은 그토록 통찰력 있는 책이 이미 몇 년 전에 출판되어 있었다는 사실에 놀라워했다. 그 교수들 자신은 그 책이 주는 교훈을 미처 이해하지도, 다시 말해 다음의 시도를 감히 해 보지도 못했는데 말이다. ―현재를 향한 시선이 『노동자』의 시야에서 자유롭게 움직이도록 내버려두기. 그리고 전지구적으로 사유하기"[67](M. Heidegger, "Contribution à la question de l'Etre", *Questions I*, Paris: Gallimard, 1968, p. 205).

---

66) H. G. Gadamer and C. R. de P. Bourdieu, *Die politische Ontologie Martin Heideggers*, Francfort: Syndicat, 1975; *Philosophische Rundschau*, n. 1~2, 1979, pp. 143~149.
67) 많은 [하이데거] 전문가들이 하이데거에 대한 많은 진실을 담고 있는 이 책을 독해하려고 기획 ―물론 하이데거를 변호하려는 염려[마음 씀]에서긴 했지만― 하기 위해 하이데거의 나치즘을 둘러싼 논쟁이 필요했다는 점은 의미심장하다(J.-M. Palmier, ed. de L'Herne, *Les écrits politiques de Heidegger*, Paris, 1968, pp. 165~293).

이중적 거부의 생산물로서 논리상 '보수혁명'이라는 **자기-해체적** 개념에 이르게 되는 사유는 구조적으로 애매하며, 이러한 구조적 애매성은 그 사유의 원천인 발생적 구조에 새겨져 있다. 그러니까 신비적이거나 영웅적인 앞으로의 도주[68]를 통해, 극복 불가능한 일련의 대립들을 극복하려는 절망적인 노력에 새겨져 있다. '혁명적 보수주의'의 예언자 중 하나인 묄러 판 덴 브루크가 게르만적 과거의 이상과 독일적 미래의 이상의 신비스러운 재결합을 설교하고 부르주아적인 경제와 사회의 거부와 코포라티즘을 향한 회귀를 설파했던 책이, 최초로 '제3의 길'을 자칭했고, 그런 다음 **제3제국**이 출현했던 것은 우연이 아닌 셈이다.[69] '제3의 길' 전략은 이 저자들이 사회구조에서 점유하는 객관적 위치를 이데올로기 질서에서 표현한 것으로서, 서로 다른 장에 적용될 때 [서로] 상동[70]을 이루는 담론들을 발생시킨다. 슈펭글러는 이와 같은 발생

---

68) fuite en avant. 이는 i) 문제 회피와 ii) 결과에 개의치 않고 문제적 행위를 저지르고 보는 맹동주의를 동시에 의미한다. —옮긴이

69) 앞에서 말했듯, 묄러 판 덴 브루크는 나치 정권이 스스로에게 붙였던 '제3제국'이라는 표현의 창시자이다. 원래 '제3제국'은 기독교의 삼위일체론에서 각각 성부나 성자와 관련된 '제1제국', '제2제국'과 구별하여 성령과 관련되면서, 메시아의 도래로 실현되는 역사의 정점을 나타낸다. 한편, 독일 보수주의자에게 제1제국은 독일이 유럽을 형성했던 중세 시기를, 제2제국은 독일을 다시 통일한 비스마르크 시기 프로이센을 나타낸다. 제3제국은 '천년의 제국'이라고도 불리는 앞으로 도래할 독일을 가리키며, 여기서 추구되는 제3의 길은 독일이 떠맡아야 할 유별난 길(Sonderweg), 즉 미국이 대변하는 자본주의의 길도 아니고 소련이 대변하는 사회주의도 아닌 길, 민족주의와 사회주의(사회 정의)가 융합된 길을 가리킨다. —옮긴이

70) homologie. 보통 생물학에서는 외형적인 유사성을 가리키는 상사(analogie)와 대비되어 겉으로는 잘 드러나지 않는 기능적이고 구조적인 유사성을 가리킨다. 부르디외에게서도 비슷하게 상이한 수준에서 드러나는 구조의 같음을 의미하며, 사회 현상에 대한 인과적 결정론이나 그와 대칭적인 환원론을 피하게 해 주는 역할을 한다. 이러한 상동(성)은 장과 장 사이, 장과 하비투스 사이, 하비투스와 하비투스 사이에서 성립한다. 이에 대해서는 피에르 부르디외, 『성찰적 사회학으로의 초대』, 494~496쪽을 참고. —옮긴이

적 구조를 아주 명확히 전달한다. 그는 기술의 본성을 물어보면서 두 부류의 답변을 대립시킨다. 첫 번째 부류는 "괴테 시대 고전주의의 뒤떨어진 계승자인 이상주의자와 이데올로그들"의 답변이다. 이들은 기술이 '문화'보다 '열등'하다고 여기고 예술과 문학을 으뜸의 가치로 삼는다. 두 번째 부류는 '물질주의'의 답변이다. 물질주의는 "자유주의적 저널리즘 철학으로부터, 대중 회합으로부터, 사상가와 신관神官으로 자처하던 맑스주의적이고 사회-윤리적 작가들로부터 나온 본질적으로 영국적인 생산물로서, 19세기 전반기 유치한 인간들의 열광을 한몸에 받았다."[71] 기술에 대한 슈펭글러식 문제 설정의 구성에 준거가 된 특수한 대립들의 장은, 슈펭글러의 정치적 선택지의 방향을 정하는 장, 말하자면 자유주의와 사회주의의 대립과 전적으로 상동을 이룬다. 슈펭글러는 이 대립을 매우 하이데거적인 일련의 역설 — "맑스주의는 노동자들의 자본주의" — 을 통해서 '극복한다'. 혹은 그 자신이 니키쉬나 그 밖의 사람들과 공유한 전략을 통해, 권위주의·복종·민족적 연대 같은 프로이센의 덕목들과 사회주의가 요구한 덕목을 동일시하기도 하고, 혹은 윙거처럼 경영자에서 노동자에 이르는 만인이 노동자라고 정립한다.

좀바르트의 사유 역시 자본주의 대 사회주의라는 대립쌍을 극복하려 한 제3의 길이라는 전략을 중심으로 조직된다. 좀바르트에 따르면, 맑스주의적 사회주의는 산업발전과 산업사회의 가치들과 대립하지 않는다는 점에서 지나치게 혁명적이면서도 지나치게 보수적이다. 근대문명의 형식은 거부하지만 본질은 거부하지 않는 한에서, 맑스주의적 사

71) O. Spengler, *L'homme et la technique*, pp. 35~36.

회주의는 일종의 부패한 사회주의를 표상한다.[72] 좀바르트는 산업과 기술에 대한 사나운 증오, 비타협적인 엘리트주의, 대중에 대한 노골적인 경멸을 결합해, 인간을 개돼지의 수준으로 강등하면서 대중의 영혼을 위협하고 조화로운 사회생활의 발전에 장애가 되는 계급투쟁론을 '진정한 종교'로 대체하고자 했다.[73] 이것이 탈선한 급진주의의 핵심이다. [다른 한편] '국가-볼셰비즘'의 주요 대표자인 니키쉬의 경우, 중간 계급을 혁명에 동참시키기 위해 민족주의·군국주의·영웅 숭배에 기댔다. 이 점 때문에 그의 전략은 슈펭글러의 전략과 거의 대척하는 지점에서 출발하면서도 결국은 슈펭글러의 견해와 거의 비슷한 지점에 도달한다. 니키쉬는 계급을 민족과 동일시하면서 독일 노동자를, 복종·규율·희생정신 같은 프로이센의 위대한 덕을 보여 주어야 하는 '국가의 병사'로 간주한다.

에른스트 윙거의 『노동자』도 이와 아주 가까운 논리를 펴고 있다.

---

72) 좀바르트는 자신의 공공연한 인종주의(이는 위에서 언급한 사상가들의 공통 특징 중 하나다) 때문에 '유대 정신'을 맑스주의의 뿌리로 간주한다. 비판적 사상과 맑스주의의 이와 같은 연합 — 이 때문에 한스 나우만은 이후 "사회학은 유대 학문이다"라고 말한다 — 은 니힐리즘 개념의 고유하게 나치적인 용법들 모두의 기초가 된다.

73) H. Lebovics, *Social Conservatism and the Middle Classes in Germany, 1914-1933*, Princeton: Princeton University Press, 1969, pp. 47~49. 좀바르트 저작을 이렇게 요약한다고 해서 — 지금 이 책에서는 무시된 — 그 저작의 주요 속성 중 하나는 그 저작이 경제학 장에 편입된다는 사실에서 비롯되었음을 잊지는 말아야 한다. (*Ibid.*, pp. 109~138에서 분석된) 오트마 슈판의 사유도 마찬가지다. 전체(Ganzheit)의 우위라는 주장은 개인주의와 평등주의에 대한 규탄, 그리고 로크, 흄, 볼테르, 루소, 리카도, 맑스, 다윈, 프로이트의 인장이 찍힌 [당시] 유행하던 사유들 모두의 혐오스러운 대변자들을 향한 단죄를 함축하는데, 슈판은 스스로 이러한 주장에 정초하면서 진정한 초보수주의적 정치 존재론을 제안한다. 이 정치 존재론은 상이한 인간 계급에 인식의 종류를 대응시키며, 다수의 인식 형태들은 (플라톤의 보호 아래) 국가 사회학에서 도출된다.

니키쉬와 모종의 관계가 있었던 윙거(그는 니키쉬의 잡지 『저항』에 기고 했다)는 보수혁명가들의 인종주의적 테제들을 표방하고 그들의 지적 대변인 노릇을 했다.[74] [그에게] 문제는 좀바르트가 원형적으로 정식화 한 민주주의냐 사회주의냐라는 양자택일을 극복하는 것이다. 우선, 한 편에는 자유민주주의가 있다. 자유민주주의가 "전체와 아무런 관계도 맺지 않고" "안전을 지고의 가치로 삼는" 부르주아의 왕국인 한에서, 그 것은 개인주의나 내·외적 무정부 상태와 같다. 다른 편에는 사회주의가 있다. 사회주의가 부르주아 모델을 노동운동에, 다시 말해 "개인이 자신 에 대해 생각하는" 사회적 형식인 '대중'에 옮겨 놓음으로써 생겨난 산 물인 한에서, 그것은 새로운 질서를 실현할 수 없다. 민주주의와 사회주 의 간의 이와 같은 적대는 오직 '작업 계획'에 기반한 질서를 세움으로 써만 초월될 수 있으며, '노동자 유형'der Arbeiter은 이 질서에 힘입어 우 월한 기술적 전문성으로 기술을 지배한다.

이후 [헤르만] 라우쉬닉도 말하겠지만, "개인적 가치들과 대중의 가치들 을 정복한다는 점"에서 부르주아와 프롤레타리아의 극복인 '노동자 유 형'은, 온갖 계급 인종주의로 물든 실제의 근로자와는 아무런 관련이 없 다. 노동자 유형의 통치는 "기계적인" "대중"과는 아무 공통점도 없는 "유기적 구성체"에 대해 행사된다. 농무濃霧와도 같은 이 신화[노동자 유 형]는 "보수혁명"의 도식에 따라 방향 설정된 채 대립들의 조화를 실현하

---

74) 하버마스는 에른스트 윙거의 인종주의적 선언들을 (원전을 표기하지 않은 채) 인용했다(J. Habermas, *Profils philosophiques et politiques*, Paris: Gallimard, 1974, p 53, 55 참조).

며, 그래서 프로이센적인 규율과 개인적인 업적, 권위주의와 포퓰리즘, 기계화와 기사적 영웅주의, 노동분업과 유기적 총체성을 모두 한꺼번에 지닐 수 있는데, 이 신화를 분석적으로 고찰하는 일은 불가능에 가깝다. 노동자는 "자유의 요구가 노동자의 요구로 제기"되며 "자유가 실존의 문제가 되는" "노동 공간"과 대결하는 일종의 근대적인 영웅으로서, ("근원적"이라는 의미에서) "원초적인 것"과 직접 접촉하고 있으며, 이 덕분에 "통일적인 삶"에 접근할 수 있다. 노동자는 문화에 의해 부패하지 않는다, 노동자는 마치 전쟁터처럼 개인과 대중, 그리고 사회적 '서열'도 의문시되는 실존 조건에 처해 있다, 노동자는 중립적인 수단인 기술을 동원하는 자이다. 이 모든 점 때문에 노동자는, 마리네티를 위시한 이탈리아 미래파가 꿈꾼 영웅적 기술지배의 서글픈 프로이센적인 형태인 군국적 유형의 새로운 사회질서를 받아들이게 할 소질을 지닌다. "기초적인 것을 향한 방향은 프로이센적인 의무 개념에서 생겨난다. 우리는 이를 행군의 리듬에서, 왕위 상속자들에 맞선 죽음의 고통에서, 폐쇄적인 특권계급과 훈련된 병사들 덕분에 이겼던 찬란한 전투에서 확인할 수 있다. 프로이센 정신을 계승할 수 있는 유일한 상속자는, '기초적인 것'을 배제하지 않고 도리어 포함하는 노동자다. 그는 무정부 상태라는 학교를, 모든 전통적 연관의 해체를 거쳐 왔다. 그런 연유로 노동자는 자신의 자유의지를 새로운 시대에, 새로운 공간에, 새로운 귀족정을 통해 실행할 수밖에 없다."[75] 요컨대, 여기서 해결책은 악을 악으로 치유하는 것이며, 기술을 지배하는 원리를 기술에서 그리고 기술의 순수한 생산물인 노동자에

---

75) Jünger, *Der Arbeiter*, in *Werke*, p. 66.

서 찾는 것이다. 전체주의적 국가에서 자기 자신과 화해하여 마음의 안정을 찾은 노동자에서 말이다.[76] "한편으로 총체적인 기술적 공간은 총체적 지배를 가능하게 하며, 다른 한편으로 그런 지배만이 기술을 총체적으로 사용한다."[77] 이율배반의 해결은 극한으로의 이행을 통해 획득된다. 신비적 사유에서처럼, 극단으로 밀어붙인 긴장은 찬성에서 반대로의 완벽한 전복을 통해 해소된다. 상반된 것들의 재통일이라는 동일한 마술적 논리에 힘입어, 보수혁명가 중 극단주의 분파는 지도자Führer 사상에 빠져들었다. 지도자는 영웅숭배와 대중 운동의 통합이라는 점에서, 극복했다고 여겨진 것의 극한이기 때문이다. 우리는 (하이데거의 또 다른 정신적 스승인) 슈테판 게오르게[78]의 시 「알가발」을 떠올리게 된다. 묵시론을 통한 묵시론 안에서의 갱생을 상징하는 알가발은 잔혹하면서도 부드러운 니힐리즘적 지도자이며, 인공의 궁전에 살면서 권태에 겨운 나머지 파국적 결과를 통해 갱생을 가져다주기에 알맞은 엄청나게 잔혹한 행위를 저지른다.[79] 이와 유비적인 논리에 따라, 맑스주의에 대한 환상적인phantasmatique

---

76) 여기서 「메트로폴리스」의 마지막 장면이 연상된다. 그 장면에서 소유주의 아들이자 이상주의적 반역자인 주인공은 흰옷을 입은 채, 지도자의 손과 공장장의 손을 맞잡는다. 하지만 마리아는 (마음속으로) "마음이 중재자로 나서지 않는다면, 손과 뇌는 서로를 이해하지 못할 수 있지"라고 중얼거린다(Fritz Lang, *Metropolis,* Classic Film Scripts, Londres: Lorrimer publishing, 1973, p. 130).

77) Jünger, *Der Arbeiter,* in *Werke,* p. 173.

78) 슈테판 게오르게(1868~1933). 독일의 시인. 시적으로는 고대 그리스의 시와 프랑스 상징주의, 사상적으로는 니체의 영향을 받아 사실주의에 반대하고, 휴머니즘 · 민주주의 · 진보주의에 반대하였다. 사후 나치는 그를 민족시인으로 추앙하였다. 대표작으로는 「알가발」(Algabal), 「영혼의 해」(Das Jahr der Seele), 「새로운 제국」(Das neue Reich) 등이 있다. 하이데거는 시인-예술가가 이끄는 영적 제국으로서의 독일의 부활을 예고한 그의 영향을 많이 받았으며, 국역본(『언어로의 도상에서』, 신상희 옮김, 나남, 2012)의 논문들에서 그의 시를 검토하고 있다. ─옮긴이

79) Lebovics, *Social Conservatism and the Middle Classes in Germany, 1914-1933,* p. 84 참조.

부인否認이라고 할 수 있는 윙거의 공상적인fantastique 민중주의는 인민 숭배와 '대중'에 대한 귀족적 증오를 화해시킨다. 대중은 유기적 통일체 속으로 동원됨으로써 변모하는 것이다. 윙거는 공허한 획일성을 군사적 편제로 완벽히 실현함으로써, 근로자의 얼굴에[80] 쓰여 있는 익명적 일률성과 공허한 획일성에 대한 공포를 극복한다. 즉 노동자를 (청년운동이 말한 의미에서의) '소외'aliénation에서 해방한다는 것은 노동자를 지도자에게 양도함으로써aliénant 자유에서 해방한다는 것이다.[81]

하이데거가 윙거에게 "(자신의) 작업 내내 『노동자』가 지지대가 되었다는 점에서 「기술에 대한 물음」은 여기에 빚지고 있다"[82]고 편지를 보냈을 때, 그가 말하려 했던 바가 이제 더 명확하게 이해된다. 이 점에서 [둘의] 이데올로기적 일치는 전면적인데, 하이데거가 총장으로 재임하던 1933년 10월 30일 강연의 요약문은 이를 입증해 준다. "국가 사회주의적인 의미에서의 앎과 이 앎의 소유는 **계급들로 분할되지 않으며,**

---

80) "유형이 환기하는 첫 번째 인상은 어느 정도 공허하고 획일적인 인상이다. 똑같은 획일성 때문에 낯선 동물종과 인간종 사이에서 개체들을 구별하기가 어렵게 된다. 순전히 생리학적 관점에서 볼 때, 맨 먼저 눈에 띄는 점은 가면의 형태를 한 얼굴의 경직성이다. 이 경직성은 턱수염이 없거나, 매우 짧은 머리를 하고 꼭 맞는 모자를 쓰는 등의 외형적인 수단 때문에 얻어지며 또 그런 수단을 통해 강화된다."(Jünger, *Der Arbeiter*, in *Werke*, p. 117)

81) 에른스트 카시러가 말한 일화가 생각난다. "미국인 방문객에게 친절하게 말하려는 한 독일 식료품 상인에게, 저는 자유를 잃어버렸을 때, 대체 불가능한 어떤 것을 상실했었다는 우리의 느낌을 말한 적이 있습니다. 하지만 그 상인은 대답하더군요. '당신은 아무것도 이해하지 못하는군요. 전에는 우린 선거, 당, 투표에 대해 상당히 신경을 썼죠. 우리에게는 책임이 있었죠. 하지만 지금 우리는 그런 것들을 가지고 있지 않죠. 우리는 지금 자유롭습니다.'"(S. Raushenbush, *The March of Fascism*, New Haven: Yale University Press, n. 4, 1946, p. 362.)

82) M. Heidegger, "contribution à la question de l'être", *Question I*, Paris: Gallimard, 1968, p. 206.

그 반대로 조국의 구성원들과 여러 신분을 국가의 유일하고 거대한 의지 속으로 통합하고 묶어 준다. 이렇게 해서, '앎', '학문', '노동자', '노동' 같은 낱말은 다른 의미와 새로운 음가를 받게 되었다. '노동자'는 맑스주의의 바람과는 달리 오직 착취의 대상만은 아니다. 노동자 신분Der Arbeiterstand은 혜택받지 못한 박복한 계급Die Klasse der Enterbten, 그래서 계급투쟁 일반을 떠맡게 된 계급이 아니다."[83] 이처럼『노동자』에 개진된 '정치철학'의 중심 논점과 거의 문자 그대로 만나는 것을 넘어,『노동자』의 형이상학적-정치적 파토스에서, 다시 말해『노동자』의 진정으로 정치적인 토대를 투명하게 드러내는 형식 아래서 표현되거나 적어도 시사되는 것은, 다름 아니라 하이데거 존재론의 중심 자체, 즉 존재와 시간에 대한, 자유와 무에 대한 하이데거의 시각이다. "모든 기대와는 반대로" "극단의 위험에서는" "기술의 존재는 구원자가 우리의 지평에 떠오를 가능성을 은닉한다"는 사실이 표출된다고 주장할 때, 또는 같은 논리에 따라, 형이상학 극복의 길은—힘에의 의지에 대한 형이상학의 궁극적 완성인—기술의 본질에서 형이상학의 본질을 실현할 때 주어진다[84]고 주장할 때, 하이데거는 윙거식 절차의 운동 자체를 되풀이하고 있는 셈이다. 유럽의 퇴폐에 맞선 반역을 자처했던 윙거식 니힐리즘은 관조를 행위로 대체하고, 선택된 목표보다 선택의 결단에 우위를 부여하려고 한다. 그리고 궁극적으로는, 하이데거식으로 말해, 힘에의 의지

---

83) M. Heidegger, Discours du 30 octobre 1933, Palmier, *Les écrits politiques de Heidegger*, p. 123에 인용되어 있다(강조는 인용자).

84) M. Heidegger, "La question de la technique", *Essais et conférences*, pp. 44~47(『기술과 전향』, 이기상 옮김, 서광사, 1993, 89쪽).

보다 의지에 대한 의지에 우위를 부여하려고 한다. 윙거의 전투적 탐미주의에 근본적으로 영감을 준 것은 약함과 우유부단함에 대한 증오, 추론적 이성의 자기 파괴적 불확실성에 대한 증오, 그리고 감각적이고 육감적인 실재와 말의 괴리에 대한 증오다. 윙거가 국가 사회주의의 도래를 가져왔던 사회적 힘들과 반-합리주의적 니힐리즘을, 박식한 독일의 철학 교수[하이데거]보다 강렬하고 노골적으로, 따라서 한층 명확하게 표현했다고 해도, 그는 모험과 위험 ── 이것은 자유가 비로소 지각될 수 있는 파괴에 위치하도록, 지금 여기의 기초적 폭력을 체험하면서 자신의 책임을 긍정하도록 강제한다 ── 을 이처럼 편애한다는 점에서 『존재와 시간』의 저자와 합류한다. "이 점에서 무정부 상태는 소멸에 맞서 기쁘게 체험되는 파괴 불가능한 것의 시금석이다." 마치 불놀이를 하듯 무無와 놀이하면서 사람들은 자신을 확인하고 자신의 자유를 체험한다. 역사적 발전이란 오직 일종의 역동적 공허, 운동 중인 무無, 아무것도 아닌 것을 향한 아무것도 아닌 것의 운동일 뿐이다. 역사적 발전은 "가치들 너머에" 위치하기에 "성질을 가지지 않는다". 중요한 것은 "의심의 가능성이 조금이라도 있는 그 어떤 것보다도 무無, das Nichts가 더 바람직하게 보이는 지점 너머로 가서", "아직 역사적 과업의 주체로 등장하지 않았고 그렇기에 새로운 사명을 맡길 만한, 좀 더 원초적인 영혼들의 공동체, 즉 '근원적 인종'[85]"에 합류하는 일이다. 민족주의, 독일 인종과 이 인종의 제국주의적 야망에 대한 찬양은, 총동원의 양상으로서 결단과 지배·명령과 복종·의지·피·죽음과 소멸이라는 정치적 혹은 준-정치

---

85) Jünger, *Der Arbeiter*, in *Werke*, pp. 63~66, 90~91.

적 언어로 구사될 수 있다. 마찬가지로 하이데거 철학에서처럼, 의지에 대한 의지로서의, 목적이 아닌 자기 극복에 복무하는 의지에 대한 긍정으로서의 힘에의 의지에 대해 말하는 형이상학적 혹은 준-형이상학적 언어로 구사될 수도 있고, 아니면 자유의 본래적 경험으로서의 죽음과의 결연한 대결이라는 언어로도 구사될 수도 있다.

윙거에게서는 정치적 니힐리즘의 환상과 슬로건은 니체적인 언어로 등장한다. 반면 하이데거에서는, 윙거나 슈펭글러류의 통속본 '보수혁명가'는 말할 것도 없이 정치적 니힐리즘과 니체적 전통 자체가 소크라테스 이전 철학자, 아리스토텔레스, 기독교 신학자를 읽는 독자의 존재론적 성찰의 요청에 응할 수밖에 없으며, 그 결과 본래적인 사상가의 고독한 탐색은 각성한 병사의 이론적 모험주의와는 아무런 관련이 없는 듯 보이게 된다. 이제 경계는 문외한과 전문가 사이에 그어진다. 전문가는 자기 담론이 내던져질 공간, 다시 말해 자신의 위치가 부정적으로, 변별적으로 정의될 때 준거점 역할을 해 줄 공가능한 입장들의 장le champ des prises de position compossibles을 최소한 실천적으로는 알고 있다는 점에서, 말한다는 것이 뜻하는 바를 알고 있는 자이다. 이와 같은 가능한 것들의 공간에 대한 인식 덕분에 "반박들을 예견하게", 다시 말해 유효한 분류학이 주어질 경우, 특정한 입장에 결부될 의미와 가치를 예상하고 거부된 독해들을 앞질러 반박하게 된다. '철학적 감각'은 철학적 공간에 좌표를 놓아 주는 관습적 기호들을 의식적이고 실천적으로 숙달한다는 것과 동일시된다. 철학적 감각 덕분에 전문가는 이미 표시된marquées 위치들과 관련하여 **자기를 구별할**se démarquer[86] 수 있고, 차후 십중팔구 자기에게 전가될 일체의 비난으로부터 **자신을 변호할** 수 있다

("하이데거는 일체의 염세주의로부터 자신을 변호한다"). 요컨대, 철학적 감각 덕분에 전문가는 **자신의 차이를 인정하도록** 하기에 알맞은 모든 기호를 갖춘 형식 아래, 또 그러한 형식을 통해, 자신의 차이를 주장할 수 있다. 철학적이라고 사회적 인정을 받은 사유란, 철학적 입장들의 장에의 준거를 함축하고 자신이 이 장에서 차지하는 위치의 진리에 대한 다소간 의식적인 숙달을 함축하는 사유이다. 이 점에서 직업적 전문 철학자는 '소박한' 철학자와 대립한다. '소박한' 철학자는, 자신의 우주에 **빠진** '소박한' 화가처럼, 자기가 말하는 바와 자신이 하는 바를 엄밀히 말해 알지 못한다. 철학장이 지나온 특수한 역사 ─ 이 역사는 사회적으로 제도화된 위치들과, 또한 상이한 위치의 점유자들에게 가능한 입장들의 공간으로서의 특수한 문제 설정에 새겨져 있다 ─ 에 무지하기에, 아마추어는 날것의 사유를 전달한다. 이러한 날것의 사유는, 『노동자』가 하이데거에게 그랬듯, 문외한이 알지는 못한 채 그저 반응했을 뿐인 **문제**를 문제로서 구성할 수 있는 직업적 전문가[프로페셔널]의 의식적 성찰의 일차 재료로 쓰인다. 가끔 문외한이 놀이의 기본 법칙을 너무 몰라서 전문가들의 사유의 대상이 되거나 장난감이 되는 일도 있다. 그래

---

86) 'démarquer'는 'marquer'(표시하다)의 반의어로, '표시를 제거하다'는 뜻. 그런데 이의 대명동사인 'se démarquer'는 '~로부터 구별되다'는 뜻과 '적의 마크를 따돌리다'는 뜻을 모두 지니고 있다. 따라서 이 문맥에서는 우선 i) 어떤 철학자가 철학장으로 진입함으로써 다른 철학적 입장들과 관련하여 자신의 **철학적 입장을 취한다**(구별된다)는 뜻이다. 그러나 이는 ii) 그가 철학장 바깥의 문외한과 스스로를 **구별한다**는 것도 함축하며, 그리하여 향후 그들이 그에게 결부시킬 입장으로부터 역시 스스로를 구별한다는 것, 즉 자기 입장의 표시를 제거한다는 뜻이기도 하다. 바로 뒤에 나오는 것처럼 '스스로를 일체의 비난으로부터 방어'할 수 있게 되는 것은 바로 이 표시 제거 때문이다. ─옮긴이

서 무어[87]가 회의주의를 심각하게 받아들여 마치 칸트가 (또한 초월적인 것과 경험적인 것의 구별이) 없었던 양 회의주의의 문제를 다루는 시대착오, 따라서 고유한 의미에서의 철학적 신념을 정의하는, 일상적인 신념에 대한 판단중지 자체를 중지해 버리는 시대착오를 범했을 때, 그는 원초적인 것으로 돌아가는 학적 소박함을 찬양할 철학자가 내릴 수 있는 가장 가혹한 평결의 먹잇감이 될 수 있다. "섹스투스는 그저 순진했을 뿐이지만 무어는 소박하다"[88]고 말이다. (덧붙여 말하자면, 이는 철학자가 자생적으로 사용하는 전략이다. 이 전략은 '상식'으로부터의 문제 제기 일체를 봉쇄하기 위해서이기도 하고, 또는 철학장에 속할 때 반드시 따라오는 전제들에 대한 과학적 객관화나, [철학장이라는] 이 사회적 공간에 적절한 정신적 태도와 공간으로서의 엄밀한 의미에서의 철학적 가상[89]에 대한 과학적 객관화에 맞서기 위해서이기도 하다.)

　하이데거처럼 자기 일에 능숙한 철학자가 윙거를 반성(특히 집단적이고 공적인 반성)의 대상으로 선택했을 때 그는 자기가 하는 바를 알고

---

87) 조지 에드워드 무어(1873~1958). 영국의 철학자. 러셀과 함께 초기 분석철학의 발달에 이바지했는데, 특히 윤리학에 기여했다. 그는 "우리는 통 속의 뇌일 수 있으며, 우리가 사물이라고 보는 것은 환영에 불과할 수 있다. 따라서 우리는 외부 세계가 실재하는지 알 수 없다"와 같은 논변을 제시하는 외부 세계 회의주의에 맞서, "[오른손을 올리며] 여기 오른손이 있다, [왼손을 올리며] 여기 왼손이 있다. 이처럼 적어도 두 개의 외부 사물이 있다. 따라서 외부 세계는 실재한다"라는 상식 논변으로 외부 세계에 대한 회의주의를 반박한다. ─옮긴이

88) M. F. Burnyeat, "The Sceptic in his place and time", R. Rorty, J. B. Schneewind and Q. Skinner (ed.), *Philosophy in History*, Cambridge: Cambridge University Press, 1984, p. 251.

89) illusio. 부르디외에게 장(le champs)은 특정 자본을 둘러싼 경쟁이 일어나는 곳인데, 장에서 경쟁하는 사람들은 장의 내깃거리(l'enjeu)인 특정 자본의 가치나 경쟁의 가치에 대해서 의심하지 않는다. 경쟁에 참여하는 이들이 공유하는 이와 같은 신념과 환상을 가상이라고 한다. 가상은 어떤 행위자가 특정 장에 들어가기 위한 조건이며, 각각의 장마다 고유의 가상이 있다. 이에 대해서는 피에르 부르디외, 『성찰적 사회학으로의 초대』, 515~516쪽 참조. ─옮긴이

있었다고 상정할 수 있다. 윙거는 하이데거가 대답하기로 받아들인 (정치적) 물음들만을, 하이데거가 **재번역**이라는 노동을 대가로 **자기 물음으로 만든** (정치적) 물음들만을 제기한 셈이다 —— 그리고 이러한 **재번역**의 노동 덕분에 철학적 사유 양식의 작동을 보게 된다. 이 노동에 의한, 어떤 정신적 (또한 사회적) 공간에서 다른 공간으로의 이전은 근본적 단절을 상정하는데, 이는 다른 장에서 "인식론적 단절" 또는 "절단"이라고 불린 것과 비견될 만하다. 정치적인 것과 철학적인 것 사이의 경계는 명실상부한 존재론적 문턱이 된다. 즉 실천적이고 일상적인 경험과 관련된 통념, 또한 그러한 통념을 가리키는 (대개는 통념과 똑같기 마련인) 낱말들은 근본적인 변형을 겪는다. 이러한 근본적인 변형 때문에, 다른 세계로의 마술적인 비약을 받아들인 사람들은 그러한 통념들을 오인할 수도 있게 된다. 따라서 팔미에가 "하이데거가 이런 책(『노동자』)을 중요하게 다루었다는 사실에 놀라지 않을 수 없다"[90]라고 적었을 때, 아마 그는 주석가들의 공통적인 의견을 표현했을 것이다. (속도를 미분으로 변형하거나 면적을 적분으로 변형할 때의 수학적 연금술처럼, 또한 분쟁이나 갈등을 소송으로 바꿀 때의 사법적 연금술처럼) 철학적 연금술은 '다른 유_類로 넘어감'metabasis eis allo genos,[91] 즉 파스칼적인 의미에서 다른 질서[92]

---

90) Palmier, *Les écrits politiques de Heidegger*, p. 196.
91) 아리스토텔레스의 『분석론 후서』에 등장하는 표현. "그러므로 **다른 유로 넘어가서** 어떤 것을 증명할 수는 없다. 가령, 산수적인 것을 통해 기하적인 것을 증명할 수는 없다."(75a38, 강조는 역자) 오늘날의 '범주 오류'(Category mistakes)와 비슷하다. ─옮긴이
92) 파스칼이 『팡세』에서 구별하고 있는 세 '질서'(ordre)를 뜻한다. 세 질서는 신체의 질서(욕구), 정신의 질서(이성), 은총의 질서(신앙, 가슴)이다. 이 세 질서(또는 세계)는 지성이 구별하는 실재의 세 수준이며, 서로 위계적이며 겹치는 공통점 없이 상호 배타적이다. ─옮긴이

로 넘어감이다. 이러한 넘어감은 '메타노이아'metanoïa[93]와, 즉 정신적 공간의 변화를 전제하는 사회적 공간의 변화와 분리될 수 없다.

물음을 제기한다고, 특히 일상 세계의 독사적[94] 경험이 정의상 배제하는 물음을 제기한다고 공언하는 철학자가 '소박한' 물음들, 다시 말해 철학자의 눈으로 보기에는 적절하지 않거나 관련 없는 물음들에는 직접 대답하지 않는 까닭도 이런 식으로 설명된다. [이런 소박한 물음들로는] 가령 상식이 (외부 세계의 실존, 타자의 실존 등에 대한) 철학적 물음에 대해 제기하는 물음들, 특히 사회학자가 자기 고유의 사회적이고 정신적인 공간에서 철학자에게 제기하고자 하는 소위 '정치적' 물음들, 다시 말해 **공개적으로**, 따라서 '소박하게' 정치적인 물음들이 있다. 철학자는 철학적 물음들에만 답할 수 있다. 다시 말해, 유일하게 적합한 언어인 철학적 언어로 자기에게 제기되거나 자기 스스로 제기한 물음들에만 답할 수 있으며, 이 물음들에 대해 철학자는 (사실상으로나 권리상으로) 자신의 철학적 방언으로 재정식화한 연후에야 비로소 답할 수 있다. 그러나 이런 식의 표기법을 기질상 트집 잡기 좋아하는 도덕가의 아포

---

93) 어원적으로는 meta(이후의, 사이에)+noeo(보다, 생각하다)로 합성되었으며, '마음을 바꾸다', '개종하다', '회개하다'의 뜻. —옮긴이

94) doxique. 명사형은 doxa. 원래 고대 그리스에서 독사는 참된 인식인 에피스테메와 대비되어, 의견이나 현상에 대한 믿음을 뜻하였다. 부르디외에게 '독사'는 사고와 행위에 암묵적으로 전제된 실천적 믿음의 총체로서, 현상학에서 말하는 '자연적 태도'와 흡사하다. 독사는 "전반성적이고 공유되지만 의문시되지는 않은 의견과 지각"으로, 행위자의 자연스러운 실천과 태도를 규정한다. 장마다 고유의 독사가 있는데, 행위자가 특정 장의 경쟁에 참여할 때 행위자는 이미 독사를 수용하는 셈이 된다. 이에 대해서는 Michael Grenfell, *Pierre Bourdieu: Key Concepts*, Routledge, 2014, pp. 114~125와 피에르 부르디외, 『성찰적 사회학으로의 초대』, 484~487쪽을 참고. —옮긴이

리즘으로 읽는다면 잘못일 것이다. 이처럼 거리가 먼 위치는 학계에 받아들여지고자 하는, 그러니까 학계의 합법적 참여자로 인정받고자 하는 사람에게는, 하물며 학계에서 성공하고자 하는 사람에게는 더더욱, 유일하게 가능한 것으로서 아주 일반적인 방식으로 부과된다. 그리고 이 위치는 순응적 하비투스를 지닌 사람에게는, 다시 말해 장의 구조적 필연성에 미리 적응하고 장의 근본 법칙에 객관적으로 함축된 전제들을 대개는 알지 못한 채로 받아들일 준비가 된 사람에게는 자명한 것처럼 보인다.

요컨대, 철학자가 날것의 언어로 정치에 대해 솔직하게 말하리라 기대해서는 안 되며, 윙거의 텍스트에 대한 다음 주석의 행간을 읽어 내야 한다. "『노동자』는 '능동적 니힐리즘'(니체)의 국면에 속합니다. 이 저작의 영향력은 이 책이 노동자의 형상에서부터 출발해 아주 현실적인 노동의 총체적 특징을 가시화한다는 데 있었습니다 ─ 그리고 기능상 변모된 형태이긴 하지만 지금도 여전히 그렇습니다." 그리고 두 페이지 아래에서 말한다. "그렇지만 [윙거의] 기술記述을 이끈 시야와 지평만큼은 더는 이전과 같이 규정되어 있지 않거나, 이전과 마찬가지로 아직도 규정되어 있지 않습니다. 왜냐하면 이미 『노동자』에서 니체적인 의미에 맞게 극복의 의미로 사유된 능동적 니힐리즘의 활동에 당신이 더는 동참하지 않기 때문입니다. 하지만 "더는 동참하지 않음"은 이미 니힐리즘 "바깥에 있음"을 전혀 의미하지 않습니다. 니힐리즘의 본질이 니힐리즘적이지 않다는 점, 그리고 이 본질의 역사가 다양한 형태의 니힐리즘의 '역사적으로' 규정 가능한 국면보다 더 늙고도 더 젊은 무언가라는 점에서 더욱 그렇지요." 이 모든 숨은 함의를 통해 [하이데거가] 이해하고자entendre 전념하는 것은 바로 전체주의의 문제, 즉 기술을 매개로 실존 전체에 자신의 지배를 강요하는 전체주의 국가의 문제가, [전체주의 국가라는] 역사적으로 특수한 형태의 니힐리즘이 역사적으로 종결된 오늘날에도 여전히 제기된다는 점이다. 이제 다음의 말은 한층 잘 이해된다. "오늘날 통찰력 있는 정신이라면, 아주 다양하고 극도로 감춰진 형태의 니힐리즘이 인류의 '정상적 상태'라는 점을 부정하려 들지 않을 겁니다. 니힐리즘과 맞서 형성되었으면서도, 니힐리즘의 본질과의 대화에 자기를 내맡기는 대신 좋았던 옛 시절을 복원하려고 애쓰는 순전히 반동적일 뿐인 시도들은 이를 가장 잘 보여 줍니다. 이러한 시도들은 보고 싶지 않은 것 앞에서 도주한다는 의미에서 도주에서 구원을 찾는 것입니다. 여기서 보고 싶지 않은 것이란 인간의 형이상학적 위치라는 문제성을 말합니다. 이와 같은 도주의 태도는 겉보기에는 형이상학을 포기하고 그것을 논리학, 사회학, 심리학으로 대체한 듯한 장소들까지 침범했습니다."[95] 여기서도 마찬가지로 전체주의 국가와 근대 과학이 "기술의 본질적 전개의 필연적 결과"라는 점, 그리고 — 전복[96]을 조금 더 밀어붙여 — 반동적이지 않은 단 하나의 진정한 사유란 나치즘에서 도주하는 대신 나치즘의 본질을 "결연하게" 사유하기 위해 나치즘과 대결하는 사유라는 점을 읽어 낼 수 있다. 이는 또한 수정 없이 1953년에 출판된 1935년 강의 『형이상학 입문』의 국가 사회주의의 "내밀한 진리와

---

95) Heidegger, "Contribution à la question de l'être", pp. 204~206, 208.
96) renversement. 부르디외는 하이데거의 전회(Kehre)도 renversement으로 번역한다. 둘을 구별하기 위해 하이데거의 renversement(Kehre)은 '전회'로, 그 밖의 renversement은 '전복'으로 옮긴다. ―옮긴이

위대함"에 대한 유명한 구절, "다시 말해 전 지구적인 수준에서 결정된 기술과 근대인의 만남"의 의미이기도 하다.[97] 『존재와 시간』의 부인된 귀족주의에서부터 나치즘으로부터의 철학적 만회에 이르는 철학적 노선은 명백하다 ── 이제 나치즘은 기술의 본질이 전개되는 한 상태가 기생적으로 표출된 것으로서 이를테면 평범해져 버린다. 윙거는 이처럼 어떤 궤적의 포기 없는 재평가를 이해하기에 좋은 자리에 있다. 왜냐하면 윙거의 궤적은 하이데거의 궤적과 많은 부분에서 겹치며, 심지어 그들은 책임에의 호소가 낳은 결과들에 대한 책임을 결연히 떠맡을 수 없는 무력함마저도 공유하기 때문이다. 나치의 니힐리즘은 윙거적인 극한으로 이행함으로써 윙거가 표상하는 극단적 형태의 니힐리즘을 극복하려는 영웅적 시도다. 이런 점에서 볼 때, 나치의 니힐리즘이야말로 존재론적 차이에 대한 궁극적인 긍정이다.[98] 남은 것은 이러한 분리, 말하자면 존재l'Etre와 이 존재에서 영영 분리되어 버린 존재자 간의 극복 불가능한 이원성에 결연하게 대결하는 일이다. 죽음을 경멸하는 영웅적 철학은 도움을 구해 도주하는 것에 대립된다. 그렇지만 이 철학은, 그에 못지않게 영웅적이면서 또한 [존재와 존재자 사이에 놓인] 이와 같은 절대적 거리에 결연히 맞서는 철학에 자리를 내줄 수밖에 없다. 형이상학적 초월의 거부가 의지에 대한 의지의 최고 단계이자 (하이데거가 윙거

97) M. Heidegger, *Introduction à la métaphysique*, Paris: Gallimard, 1967, pp. 201~202.

98) Rosen, *Nibilism: A Philosophical Essay*, pp. 114~119(1987년 판본: 또한 철학 텍스트 중 가장 본래적으로 존재론적인 텍스트에서, 나치즘 포기에 대한 이와 같은 교활한 거부가 발견된다는 점은 주목할 만하다. 빅토르 파리아스는 근래에 지속적인 당비 납부처럼 이에 대한 한층 물질적인 증거들을 찾아냈다).

의 마지막 저작들, 특히 『전선에서』*Über die Linie*에서 찾아내고 응징한) 존재의 부재를 무시하기 위한 궁극적인 노력이라면, 이러한 거부는 신비스러운 **내맡김**[99]에, 존재의 반니힐리즘적인 계시에 대한 기다림에 이르게 된다.

영웅적인 극복을 지향하는 (뮐러 판 덴 브루크가 사용한 의미에서) 제3의 길이 결정적으로 가로막힐 때, 결국 그 근저에 있는 절망적인 무력감(사회구조에서 지배자인 동시에 피지배자의 위치에 있는 지식인의 절망적 무력감)과 재회한다-. 유력한 사유가 마감되고 영적 정화인 총동원이 펼치는 능동적 니힐리즘으로의 능동적 고취가 마감될 때, 남는 것은 무력함의 사유, 즉 **수동적 니힐리즘**이다. 그렇지만 여기에서도 해탈에 이른 사상가와, 유력하건 아니건 존재 망각에 빠진 모든 사상가 사이의 근본적 차이는 여전히 유지된다.

---

99) Gelassenheit. 하이데거 후기 철학의 핵심어 중 하나로서, 기술지배 시대에 우리가 취해야 할 삶의 방식을 보여 준다. 이는 기술을 아예 거부하지도 무턱대고 수용하지도 않는 태도, 즉 일상 세계에서 기술적 대상을 이용하면서도 기술적 대상에 매몰되지 않고 거리를 두어 기술을 가능케 한 고차적인 차원(이는 '신비'라 불린다)이 열리기를 기다리는 것을 말한다. Gelassenheit는 '내맡기고 있음', '초연한 내맡김', '방념' 등으로 번역되어 왔지만 여기서는 '내맡김'으로 번역한다. —옮긴이

2장 · 철학장과 가능한 것들의 공간

하이데거가 윙거에게만 말을 걸었던 건 아니다. 그의 담론은 사회적으로나 정신적으로 서로 다른 두 공간, 곧 정치적 에세이즘의 공간과 고유한 의미에서의 철학적 공간과의 관계를 통해 주관적·객관적으로 규정된다. 윙거에게 헌정된, 따라서 윙거가 표면상의 수신자라 할 수 있는 기술에 대한 강연에서도 하이데거는 어찌 보면 '윙거는 제쳐두고' 다른 청취자들을 겨냥한다(공개적인 것처럼 보이는, 기술에 관한 이 텍스트가 출간될 때 그가 붙일 「존재 물음에 관한 소고」[1]라는 제목이 이를 보여 준다). 하이데거는 철학적으로 전복적인 사상가이지만, 철학장에서의 합법적인 내깃거리enjeu를 잘 인지하고 인정하며([철학의] 고전이 된 당대나 과거의 저자들에 그가 명시적으로 준거하고 있다는 사실은 이를 충분히

---

[1] 독일어 원제목은 "Zur Seinsfrage"(1955)이다. —옮긴이

보여 준다), 또 학적 에토스[2]가 정치와 문화 사이에 그어 놓은 절대적 단절[3]을 깊이 존중한다. 굳이 의도하지 않더라도, 그의 사회적 환상, 그의 윤리적·정치적 성향을 **오인할 수 있게끔** [철학적으로] 재구조화[4]할 정도로 말이다.

하이데거는 정치의 공개적인 시간에서는 슈펭글러나 윙거와 동시대인이지만, 철학장의 자율적 역사에서는 카시러나 후설과 동시대인이다. 앞서 살펴본 대로 하이데거는 독일 정치사의 특정 순간에 **위치하지만**, 또한 철학의 내적 역사의 한순간에도 **위치한다.** 더 정확히 말해, 독일 대학 철학사를 시기적으로 구획하는 일련의 칸트로 회귀하자는 운동들 — 이 운동 각각은 그 이전의 운동에 맞서 일어나므로 서로 다르다 — 의 한순간에 위치한다. 코헨[5]이나 마르부르크학파가 피히테식의

---

2) ethos. 같은 행동의 반복을 통해 얻어진 습관을 의미하며, 부르디외에게서는 에이도스, 헥시스와 함께 하비투스를 이루며, 가치론적 도식으로 평가와 행동의 기틀을 이룬다. ─ 옮긴이

3) 정치를 공격한 니체의 『반시대적 고찰』(*Unzeitgemässe Betrachtung*) 이래로, 독일 대학의 에토스의 토대에 있던 전투적 반정치주의, 이와 상관적인 내면성 숭배와 예술 숭배로의 후퇴는 자주 환기되었다. 루드비히 쿠르티우스는 정치와 문화 간의 이와 같은 사회적이고 정신적인 단절이, 순전히 학제적인 관심에만 사로잡힌 독일 대학 교수회가 나치즘에 직면하여 보여 준 이례적인 수동성의 이유였다고 본다(L. Curtius, *Deutscher und antiker Geist*, Stuttgart, 1950, p. 335 이하를 참조하라).

4) 이를 납득하기 위해서는 하이데거가 윙거의 개념들, 가령 '유형'(Typus)을 어떻게 다루고 있는지를 살펴보는 것으로 충분하다.

5) 헤르만 코헨(1842~1918). 신칸트학파(마르부르크학파)의 주도적 철학자로, 독일에서 기독교로의 개종 없이 교수직을 얻은 최초의 유대인. 그는 철학의 과제는 경험 가능성을 설명하는 것이라고 보았는데, 이때의 경험은 일상적 경험이 아닌 과학적 경험을 말한다. 그리고 경험 가능성을 설명하는 원리는 '선험적인 것'인데, 이때의 선험적인 것은 (심리학이나 생리학으로 탐구할 수 있는) 정신의 주관적인 틀이 아니라 수학적 자연과학의 근본 법칙들을 의미한다. 그래서 철학의 과제 중 하나는 당대의 최선의 과학 이론들을 확인하고 이 이론 안의 선험적 법칙을 발견하여 이 이론을 설명하는 것(초월론적 방법)이며, 코헨은 이것이 칸트 철학의 요체라고 보았다. 그는 또한 이 책에도 언급되어 있듯이 칸트주의적인 사회주의를 주장하고, 유대 사상의 정립에서

칸트 독해를 반박했듯, 하이데거도 신칸트학파 거장들의 칸트 독해를 비난한다. 신칸트학파의 독해는 사실상으로나 권리상으로 반성에 선행하는 진리들에 반성을 예속시킴으로써, 『순수이성비판』을 과학의 가능 조건에 대한 탐구로 환원해 버렸다고 말이다.[6] 마찬가지로 다른 계보를 밟아 하이데거를 키르케고르, 후설, 딜타이가 개척한 노선들이 교차하는 지점에 위치시킬 수도 있다. 이처럼 장에 편입된다는 것은 장의 역사에 편입된다는 것, 말하자면 해당 장에 실천적으로 제도화되어 있고 역사적으로 구성된 문제 설정에 대한 인식과 인정을 통해 장의 역사의 과업에 통합된다는 것을 함축한다. 철학자가 [철학사의] 회고적인 재구성을 이용하여 스스로에게 부여하는 철학적 계보는 잘 구축된 허구다. 식자識者 전통의 상속자가 자기 선배나 동시대인에 대해 말할 때면, 늘 자기가 그들에 대해 두는 거리만큼 떨어져서 말하기 마련이다.

그러므로 하이데거의 사유처럼 명백히 교수적인 철학 사유를 이해하려 할 때, 해당 사유가 뿌리내리고 있는 철학장과의 관계를 떠나 이해하려는 시도는 완벽한 헛짓이다. 하이데거도 끊임없이 다른 사상가들과의 관계하에서 사유했고, 또 그런 관계하에서 자기 자신을 사유했다 —— 역설적으로 보일지 몰라도, 그의 자율성과 독창성이 명확해질수록 더 그랬다. 하이데거 앞에 놓인 근본적인 선택지들은 그의 하비투스

도 중요한 역할을 했다. —옮긴이

6) J. Vuillemin, *L'héritage kantien et la révolution copernicienne*, Paris: PUF, 1954 참조. 뷔유맹은 칸트 체계에 대한 세 가지 주요한 '독해들'을 그 독해들이 세워 놓은 건축술을 통해 고찰하며, 그 독해들이 연속적으로 이어지는 일종의 이상적인 역사를 재구성한다. 코헨이 피히테를 부정하지만 또다시 하이데거가 코헨을 부정하듯, 이 역사의 원동력은 부정성일 것이다. 이는 칸트 체계의 중심이 변증론에서 분석론으로, 그다음에 감성론으로 대체되는 것과 연관된다.

의 가장 심층적인 성향들을 원천으로 하며 시대 분위기에 빌려 온 '주요한' 적대 개념들의 쌍으로 표현되는데, 이 선택지들은 이미 구성된 철학적 공간에 준거하여 정의된다. 다시 말해, 철학적 입장들의 장과 관련하여 정의되는데, 이는 사회적 위치들의 망을 철학장에서 고유의 논리로 재생산한다. 이처럼 가능한 철학적 입장들의 장에 지속적으로 준거함으로써 윤리-정치적 입장들의 철학적인 변모가 일어난다. 그리고 이와 같은 준거를 통해, 문제들과 **가능한 답들의 구조화된 세계** ——이는 어떤 입장, 심지어 이전에는 볼 수 없던 입장의 철학적 의미(예를 들어, 반칸트적이다, 반아퀴나스적이다)를 미리 규정한다——가 부과된다. 마찬가지로 이러한 준거는, 철학적 입장들의 구조와 공공연한 정치적 입장들의 구조 사이의 (정도 차가 있긴 하지만, 의식적으로 감지되는) 상동을 매개로, 특정 사상가에 대해 그의 윤리적-정치적인 선택지와 양립 가능한 철학적 입장들의 폭을 아주 좁게 제한한다.

어떤 입장들이 i) 주어진 어떤 시기 철학적으로 인식되고 인정된 입장들의 장과 관련하여 규정될 때, 오직 그럴 때만, 그리고 ii) 주어진 어떤 시기 장을 구성하는 적대들의 형태로 부과되는 **문제 설정**에 대한 적절한 답변으로 스스로를 인식시킬 때, 해당 입장들은 철학적임을 자임하며 철학적인 것으로 인정받는다. 담론의 방향을 이끄는 윤리-정치적 성향들과 이 담론의 최종적 형태 사이에, 합법적인 반성의 대상과 문제의 체계를 삽입하는 능력, 그럼으로써 일체의 표현적 의도에 체계적인 변형을 가하는 능력을 장이 어느 정도 가지고 있는가로 해당 장의 상대적 자율성이 가늠된다. 철학적으로 형식 갖추기를 한다는 것, 그것은 정치적으로 격식을 설정한다는 것이다. 그리고 어떤 정신적 공간과 분리 불가능한 어떤 사회적 공간에서, 다른 사회적 공간으로의 이전이 상정하는 변-형trans-formation은, 철학적인 입장이 체계를 제외하고는 '소박한' 윤리-정치적 입장의 상동물에 지나지 않음에도, 최종 생산물과 이 생산물의 원천인 사회적 결정인자들이 맺는 관계를 오인되게 만드는 경향이 있다.

철학자는 한편으로 사회적 공간에서(더 정확히 말해, 권력장의 구조에서) 그에게 할당된 위치로 규정되며, 다른 한편으로 철학적 생산장에서 그가 점하는 위치로 규정되는데, 철학자의 이와 같은 이중적 편입이 변형 과정들의 원천이다. 그리고 이러한 변형 과정들은 장이 작동하는 무의식적 메커니즘——이는 하비투스에 의해 재번역된다——과 체계화라는 의식적 전략에 불가분적으로 관련된다. 그래서 하이데거가 자유주의나 사회주의, 맑스주의나 '보수혁명적' 사유처럼 정치적 공간의 가장 두드러진 위치들과 맺는 관계, 또는 그 위치들에 상응하는 사회적 위치들과 맺는 관계는, 근본 대립과 상동적인 관계들의 전소 계열——근본 대립은 여기서 표출되면서 변모된다——을 통해서만 실천적으로 구성된다. 우선, 정신 귀족에 속한다는 것에는 이중의 거부 관계, 이중의 거리두기 관계가 함축되어 있다. 당대의 정신 귀족은 한편으로 하찮은 학생이나 선생들의 쇄도가 불러온 대중화Vermassung, '평준화', '하향화'라는 치명적인 위험으로 그 희소성을 위협받았고, 다른 한편 산업 부르주아 계급의 출현이나 목표를 스스로 정하는 대중 운동의 출현으로, 군주의 조언자이자 대중의 목자로서 그 도덕적 권위를 위협받고 있었다. 이러한 관계는 철학이 여타의 분과학문과 맺는 관계에서 명시적 형태로 재생산된다. 19세기 말 이래, 자기 자신을 성찰하는 자연과학의 발달,

철학적 반성의 전통적인 대상들을 앗아가려 한 사회과학의 출현으로
인해, [분과학문들에 대한] 지적인 지배를 주장해 온 반성 전문가 단체는
위협받게 된다. 그래서 반성 전문가 단체는 심리주의에 맞서, 특히 철학
을 인식론[7]에 국한할 것을 주장한 실증주의에 맞서 지속적으로 동원된
다('자연과학적'naturwissenshaftlich, '실증주의적'positivistich이라는 형용사는 역
사가들한테서조차 최종심처럼 작용했다).[8] 사회학은 천박한 프랑스적 학
문으로 생각되었고 (특별히 만하임처럼) 비판적 극단주의 편에 놓이게
되었는데, 전반적으로 매우 보수적이면서 '독일 민족주의자들'[9]이 득세
한 대학 세계의 시각으로 볼 때, 이러한 사회학은 결함투성이였다. '이
해'Verstehen의 예언자들은 사회학이라는 통속적 환원주의의 기획을 말
하지 않을 정도로 경멸했고, 대개는 거명조차 않았다. 이 기획이 지식사
회학이라는 형태를 띨 때 특별히 더 그랬다.[10] 철학과 여러 과학 사이의
이와 같은 관계는 이제 하이데거와 신칸트학파 간의 관계로 명시화된
다. 그 당시 사람들은 신칸트학파를 빈델반트[11]에서 시작하여 하이데거

---

7) Wissenschaftstheorie. 원래는 '과학론'이나 '학문론'으로 번역되어야 하나 부르디외의 번역을
    따랐다. ─옮긴이
8) F. Ringer, *The Decline of the German Mandarins: The German Academic Community,
    1890-1933*, Cambridge: Harvard University Press, 1969, p. 103
9) G. Castellan, *L'Allemagne de Weimar, 1918-1933*, Paris: Collin, 1969, pp. 291~292에서 인
    용된 E. Everth.
10) 이러한 특징들이, 독일 및 그 외 다른 나라의 철학자들이 이 책과 같은 텍스트에 대해 어떤 철
    학적 독사(doxa)를 갖는지, 따라서 이와 같은 텍스트를 대체로 어떻게 수용하는지를 계속해서
    규정해 왔다(1987년 판본: 빅토르 파리아스의 책이 프랑스에서 촉발한 논쟁에서, 하이데거주의자인
    지와 상관없이 여러 철학자가 보여 준 숙고된 침묵보다, 철학과 사회과학 사이의 구조화하는 관계의
    지속성을 잘 보여 주는 것은 없다).
11) 빌헬름 빈델반트(1848~1915). 서남학파(바덴학파)의 창시자. 헤르만 코헨이 '선험적인 것'과
    '객관성'의 문제를 중심으로 칸트를 해석했다면, 그는 '사물 그 자체(물 자체)'와 '진리' 문제를

의 논문 지도교수인 리케르트로 이어지는 소위 서남학파의 전통과, 제 3제국 이데올로그들이 혐오했던[12] 헤르만 코헨으로 대표되는 마르부르크학파로 구별했다. 하이델베르크 대학의 교수이자 후설의 전임자[13]였던 빈델반트는 코헨이 불가지론적인 실증주의로 빠지게 된다고 비판하는데, 이는 이후 하이데거가 형이상학에 대한 칸트의 비판과 대립시키는 비판들을 예고한다. 빈델반트에 따르면, 마르부르크학파가 칸트 저작에서 발견한 경험주의적 인식론은 한편으로는 흄, 다른 한편으로는 콩트로 경도되면서 철학적 비판을 경험에 대한 인과적이고 심리적인 분석으로 대체하는 경향을 보이며, 이는 결국 철학을 인식론으로 해소해 버리는 꼴이 되고 만다.[14] 조금 더 형이상학적인 열망을 지닌 칸트주

중심으로 칸트를 재해석했다. 그에 의하면, 칸트는 '사물 그 자체' 개념이나 현상계/예지계라는 구별을 포기했으며, 이에 따라 진리 상응론을 거부하고 '진리=사고의 규범성'(표상들의 결합이 일정한 규칙성에 따르는 것)으로 보는 내재주의적 진리관을 제시했다. 이런 진리관에 입각할 때, 인식적 진리 말고도 도덕적 진리나 미학적 진리를 말할 수 있는데, 빈델반트는 이를 통해 칸트의 세 비판서의 통합을 기획했다. 이처럼 빈델반트는 규범성 문제를 철학의 중심 문제로 놓았는데, 그는 이를 '가치 철학'이라고 불렀고 칸트의 초월론적 방법의 핵심은 이것이라고 주장했다. 한편, 빈델반트의 가장 유명한 학문적 기여는 자연과학과 역사학을 '법칙정립적'(nomothetisch) 성격과 '개성기술적'(idiographisch) 성격으로 구별했다는 점이다. ― 옮긴이

12) H. A. Grunsky, *Der Einbruch des Judentums in die Philosophie*, Berlin: Junker und Dünnhaupt, 1937 참고.

13) 빈델반트가 1870년대 프라이부르크 대학에 잠시 재직한 적은 있지만, 후설은 빈델반트의 후임으로 하이델베르크 대학의 교수가 된 것이 아니라 하인리히 리케르트의 후임으로 프라이부르크 대학의 교수가 된다. ― 옮긴이

14) W. Windelband, *Die Philosophie im deutschen Geistesleben des 19. Jahrhunderts*, Tübingen, 1927, pp. 83~84. 이는 Ringer, *The Decline of the German Mandarins*, p. 307에 인용됨. [오해의 여지가 있다. 여기서 비판되는 마르부르크 학파가 코헨, 나토르프, 카시러를 지칭하는 것이 아니라 마르부르크 대학에서 코헨의 선임자였던 F. A. 랑게나 헬름홀츠를 지칭하는 것이면 타당한 서술이 된다. 실제로 빈델반트가 주로 비판하는 이들도 F. A. 랑게와 헬름홀츠이며, 코헨과 그의 제자들은 철학을 인식론으로 축소했다는 비판을 받을지언정, 반심리주의를 주창한 그들이 "철학적 비판을 경험에 대한 인과적이고 심리적인 분석으로 대체"했다는 비판을 받을 수는 없다. ― 옮긴이]

의를 대표하는 자는 알로이스 리글[15]과 하이데거의 또 다른 스승인 [에밀] 라스크이다. 알로이스 리글은 자연철학으로 보다 경도되었고, 라스크는 귀르비치가 잘 지적했듯 초월론적 분석을 존재론적 형이상학으로 변형한다.[16] 이와 대립점에 있었던 코헨과 카시러는 자신들이야말로 위대한 자유주의적 전통과 계몽이라는 유럽적 휴머니즘의 상속자라고 주장한다. 카시러는 '[바이마르] 공화국 헌법'의 이념이 '독일 전통에 생소한 침입'이 아니며, 정반대로 관념론 철학의 귀결이라는 점을 보여 주려 했다.[17] 코헨은 칸트에 대한 사회주의적 해석을 제시한다. 타인의 인격을 수단이 아닌 목적으로 대우할 것을 명령하는 정언명법을 미래의 도덕적 강령으로 해석한 것이다("목적으로서 인류의 탁월성이라는 이념은 단지 이 이념만으로도 사회주의적 이념이 되며, 그 결과 각자는 최종적 목표로서, 목적 그 자체로 규정된다").[18]

신칸트학파의 여러 대표자가 점유한 지배적인 위치 때문에, 다른 중요한 위치의 점유자들은 이들 신칸트학파와의 관계에 따라(더 정확히 말하자면 그들에 대항하는 위치로) 규정되며, 동시에 신칸트학파 중 몇몇이 타락한 초월론적 분석이라는 원군援軍을 보내 준 경험적 의식의 심리학·심리주의·생기론·경험비판론에 대항하는 위치로 규정된다. 우

---

15) 오스트리아의 신칸트학파이자 형이상학자 알로이스 릴(Aloïs Riehl, 1844~1924)을 미술사학자 알로이스 리글(Aloïs Riegl, 1858~1905)로 잘못 표기한 것으로 보인다. ─옮긴이

16) G. Gurvitch, *Les tendances actuelles de la philosophie allemande*, Paris: Vrin, 1930, p. 168.

17) Ringer, *The Decline of the German Mandarins*, p. 213 참조.

18) H. Cohen, *Ethik des reinen Willens*, Berlin: Cassirer, 1904. 이는 앙리 뒤소르의 *L'Ecole de Marbourg*, Paris: PUF, 1963, p. 20에 인용되어 있다(앙리 뒤소르는 이러한 [코헨의] 좌파 칸트주의가 오스트리아 맑스주의자인 막스 아들러에게로, 특히 그의 책 *Kant und der Marxismus*로 이어지고 있다고 언급한다).

선 후설의 현상학이 그런 점유자 중 하나인데, 후설 현상학은 초월론적이며 반심리주의적인 논리학과 존재론으로 내적으로 나뉜다. 다음으로, 이후 문화철학의 방향으로 나아간 생철학Lebensphilosophie의 다소간 직접적인 후예들도 그런 점유자 중 하나다. 이 중 대학에 자리 잡은 변이체로는 딜타이(그가 하이데거에 미친 영향은 익히 알려져 있다)의 상속자이면서 어떤 의미에서는 헤겔의 상속자이기도 한 립스, 릿트, 슈프랑어가 있다. 이의 통속화된 버전으로는 루드비히 클라게스와 같은 사상가들을 들 수 있는데, 클라게스는 베르그손의 영향을 받았고 (감정이입 Einfühlung과 직관Anschauung의 고양, 또한 세계의 지성화 및 기술지배에 대한 신랄한 비판의 초석을 놓기 위해 영혼 대 정신이라는 가장 단순한 대립에 호소했다는 점에서) 신보수주의 문학과도 매우 가까웠다. 마지막으로 비트겐슈타인, 카르납, 포퍼의 논리실증주의도 그러한 점유자 중 하나다. 1929년 출간된 선언문에서 비엔나 서클은 대학 철학에서 위세를 떨친 의미론적 혼란을 비난하고, 또한 사회적 영역에서는 과거에 집착하여 형이상학이나 신학에서 이미 극복된 위치들을 돌보는 자들을[19] 의심하면서 진보 운동에 동감을 표한다.

하이데거가 콘스탄트 김나지움에서 대학 입학 자격시험을 치르고 철학장에 막 진입하는 순간, 철학장에서의 가능한 것들의 공간은 이러했다 —— 물론 이 철학장을 유령처럼 은밀히 맴도는 것은 맑스주의와 '보수혁명가들'의 반동적 형이상학이라는 억압된 두 조류였다. 특정한 때에 특정한 곳에서 철학장에 속한다는 것, 이는 해당 구조를 구성

---

19) Ringer, *The Decline of the German Mandarins*, p. 309.

하는 대립들에 각인된 문제나 프로그램과 마주한다는 것이다. 가령, 어떻게 하면 실재론이나 경험적 주체의 심리주의, 또는 더 나쁘게는 모종의 '역사주의적' 환원의 나락에 빠지지 않고서, 초월론적 의식 철학을 극복할 수 있을까와 같은 문제 말이다. 하이데거의 철학적 기획의 독특함은 철학적으로 혁명적인 힘을 행사하여 철학장의 한가운데에 새로운 위치를 **존재케** 하려 했다는 사실에 있으며, 향후 다른 모든 위치는 이 새로운 위치와 관련하여 재규정될 것이다. 이 새로운 위치는 칸트 철학을 극복하려는 몇몇 노력을 통해 개략적으로 그려지기도 했으나 합법적인, 즉 대학에서 제도화된 철학적 문제 설정에는 여전히 부재하던 것으로서, 어떤 점에서는 게오르게 서클 같은 문학적이거나 정치적인 운동에 의해 [철학]장 외부에서 호출되었고 학생과 젊은 조교들의 기대와 관심에 의해 [철학]장 내부로 유입되었다. [새로운 위치를 출현시킴으로써] 장 한가운데서 세력 관계를 뒤집기 위해서는, 또 이단적인, 따라서 통속적으로 보일 수 있을 입장을 존중할 만하게 만들기 위해서는, 반역자의 '혁명적' 성향과 장 내부에서 축적된 대자본의 보증을 받은 특수한 권위, 이 둘을 연결해야 한다. (1916년 이래) 후설의 조교였던 하이데거는 (1923년에) 마르부르크 대학의 정교수가 되며, 위기의 정세를 빙자하여 혁명적이면서 보수적인 담론을 대학 내에서나 대학 바깥에 받아들이게 할 수 있는 전위적 사상가라는 명성을 누리게 된다. 베버의 고대 유대교 연구에 의하면, 예언자들, 더 일반적으로는 이교의 창설자들은 대부분 성직 계급의 이탈자이다. 이들은 성직 질서의 전복에 특수한 대자본을 투자하고 가장 성스러운 원천들을 혁신적으로 독해함으로써, 전통의 근원적 본래성을 회복할 혁명의 무기를 획득하는 법이다.

나치 대학 총장의 취임 연설을 형이상학적 믿음의 선언으로 보이게 할 정도로 ——사유의 도식들이나 존재론의 낱말들을 통하지 않고서는 달리 정치를 사유하거나 말할 수 없었던 시골 소부르주아 출신의 '정교수'[20]인 하이데거. 그의 하비투스야말로 정치장과 철학장의 상동을 토대로 정치적 위치와 철학적 위치의 상동을 수립하는 실천적 연산자다. 이 하비투스는 실상 서로 다른 장에서 그가 점유하는 서로 다른 위치들(예를 들어, 사회적 공간에서는 중간 계급Mittelstand이면서 이 계급 중에서 대학 계파라는 위치, 대학장의 구조에서는 철학자라는 위치 등)과 결부된, 마찬가지로 이러한 위치들로 이어지는 사회적 궤적, 즉 지식장에서는 성공을 거두지만 여전히 불안한 지위에 있던 제1세대 대학교수의 궤적과 결부된 성향들 및 이해 관심들 전체를 통합하고 있다. 이 하비투스는 상대적으로 독립적인 여러 인과적 결정이 통합된 생산물로서, 서로 다른 질서에 속하는 여러 인과적 결정을 본질적으로 **과잉 결정된** 생산물과 실천으로 지속적으로 통합한다(이에 대해서는 근원이라는 주제를 생각해 보기만 하면 된다).

물론 하이데거의 사회적 궤적에다 그가 보여 준 아주 이례적인 다성적多聲的 능력을 결부시켜야만 할 것이다. 즉, 정치장과 철학장 곳곳에 흩어져 있던 문제들을, 그 이전의 누구보다 '근본적으로', '심오하게' 제

---

20) le professeur ordinaire. 이 책이 1975년 『사회과학연구지』에 논문 형식으로 출간되었을 때의 제목이 "Heidegger: le professeur ordinaire"였다. 'ordinaire'(ordinarius)는 '평범한, 일상적'이라는 뜻이지만, 'le professeur ordinaire'는 '정교수'를 뜻한다. 부르디외가 이 말을 강조한 까닭은 'ordinaire'가 암시하듯이 소위 '사유의 스승'인 하이데거는 전형적으로 교수적인 사유를 보여 준다는 점을 지적하기 위함일 것이다. ——옮긴이

기한다는 느낌을 주면서 재결합하는 기예 말이다. 단조로운 궤적보다는 다양한 사회적 우주를 가로질러 상승하는 궤적이야말로, 동시에 여러 공간에서 말하거나 사유하기에 보다 적합한 성향, (무엇보다 뿌리 뽑힌 지식인을 거부함으로써, 또 거부하기 위해 존재한 다소간 환상적인 '농민들'의 공간처럼) 동료들의 공간과는 다른 공중에게 말 건네기에 보다 적합한 성향을 갖게 한다. 또 그가 학문 언어를 뒤늦게, 순전히 학교에서만 습득했다는 점은, 일상어의 학적 울림을 향유하면서 그와 동시에 학문 언어의 일상적 울림을 일깨우도록 해 주는 이러한 언어와의 관계에 이바지했을 것이다(이 언어와의 관계는 『존재와 시간』의 예언적 낯설게 하기 효과를 낳은 원동력 중 하나다).[21] 지성계와의 곤혹스럽고도 긴장된 관계 덕분에 하이데거는 좀처럼 있을 법하지 않은 희귀한 사회적 궤적을 밟게 되는데, 무엇보다도 이러한 관계를 고려하지 않고서는 철학장에서의 그의 특수한 위치를 이해할 수 없다. 실상 칸트 철학의 위대한 선생들, 특히 카시러에 대한 하이데거의 적대가 하비투스의 심층적 적대에 뿌리내리고 있다는 점은 의심의 여지가 없다. "한 명[하이데거]은 운동을 좋아하고 스키를 잘 타며, 활력이 넘치면서 단호한 용모를 한 거무스름한 작은 사람이었다. 그는 자신이 도덕적으로 진지하게 제기한 문제에 혼신을 다해 몰두하는 끈질기고도 완고한 사람이었다. 다른 한 명

---

21) 여기에다 교수나 **문법가**에게 전형적인 (그리고 지능 검사로 측정되는) 능력인, 동일한 낱말의 실제로는 배타적인 여러 의미를 동시에 생산하고 이해하는 능력[동음이의어를 활용하는 능력]을 덧붙여야 한다(예를 들어, 'rapporter'라는 낱말은 개와 결부될 때는 '사냥개가 잡은 사냥감을 가지고 오다'는 뜻이지만, 투자와 결부될 때는 '어떤 투자가 수익을 가져다주다'는 뜻이 되고, 아이와 결부될 때는 '아이에게 이야기하다'는 뜻이 된다).

[카시러]은 외면적으로도 내면적으로도 올림푸스의 신 같아 보이는 백발의 사람이었다. 그는 관대한 마음씨와 해박한 관심, 차분한 용모와 편안한 표정, 생동감과 온화함, 마지막으로 귀족적인 기품을 지니고 있었다."[22] 카시러 부인이 쓴 것도 인용해 볼 필요가 있다. "사람들은 하이데거의 야릇한 겉모습에 대해 우리에게 단단히 주의를 주었다. 우리는 그가 사회적 관습 자체를 거부한다는 것도, 신칸트학파 사람들, 특히 코헨을 적대시한다는 것도 알고 있었다. 그가 반유대주의에 경도되어 있다는 것 역시 그리 놀랄 만한 일은 아니었다.[23] … 이브닝드레스를 입은 여자들과 연미복을 입은 남자들, 초대 손님 모두가 도착했다. 대화가 무한정 이어지는 저녁식사 시간이 반쯤 지나갈 무렵, 문이 열리면서 보잘것없어 보이는 작은 사람 하나가 거실로 들어선다. 그는 성안으로 떠밀려 들어온 작은 농부처럼 겁먹은 표정을 짓고 있었다. 그는 검은 머리와 꿰뚫는 듯한 짙은 눈을 가지고 있었고, 오스트리아 남부 출신 혹은 바바리

---

22) G. Schneeberger, *Nachlese zu Heidegger*, Berne, 1962, p. 4.
23) 이 문장에 어떤 반박들이 가해졌는지는 익히 알려져 있다. 그러나 나치 운동에의 참여가 지닌 의미를 더 잘 새기기 위해서는, 그리고 하이데거가 이 관계에 포섭되었다는 점을 더 잘 음미하기 위해서는, (흔히 종종 [반박의 근거로] 끌어대고들 하듯, 국가 사회주의 이데올로기가 본래 애매하다 하더라도) 이것이 참임을 보여 주는 의심할 수 없는 징표들이 오래전부터 대학 내부에서 나타났다는 점을 상기할 필요가 있다. 북부 독일에서는 개종한 유대인들이 학생 '공제회'에 받아들여졌으나, 1894년 이래 오스트리아와 남부 독일에서는 유대인 학생들이 학생 '공제회'에서 배제되었다. 1919년에는 이것이 전면화되어 유대인 학생들은 독일의 모든 [학생] '공제회'에서 배제된다. 이들 공제회는 특히 '아이제나흐 결의'*에 쓰여 있는 유대인 학생들의 차별적 배제(numerus clausus)를 요구했다. 학생들이 벌였던 반유대인 시위에 호응하여, 1932년 하이델베르크나 브레슬라우 대학에서처럼 유대인과 좌파 교수를 적대시하는 충돌 사건이 교육자 단체에 퍼져 갔다. 이 점에서도 독일대학들은 나치즘으로 나아가는 흐름의 선봉대였다.
* Résolution d'Eisenach. 대학 공제회들이 1920년 공동으로 채택한 결의안으로, 유대인에 대한 인종주의적 혐오가 종교와 상충하지 않음을 주장하며, 유대인은 물론, 유대인이나 다른 유색인종과 결혼한 사람까지 공제회에서 축출할 것을 담고 있다. ―옮긴이

아 출신의 장인을 연상케 했다. 그가 쓰는 방언은 이러한 인상을 굳혀 주었다. 그는 유행이 지난 검은 옷을 입고 있었다." 그녀는 그다음에 이렇게 덧붙인다. "가장 불편했던 점은 그의 치명적인 진지함과 유머의 결핍이었다."[24]

물론 겉모습에만 관심을 두는 일은 피해야 할 것이다. 그렇지만 이미 스승과 제자의 존경을 한몸에 받고 있었던 이 "명석한" 대학 선생의 "실존적 의상"[25]과 지방색 강한 말투에는 무언가 과시적인 것이 있다.[26] 이 모든 것, 마찬가지로 농부 세계를 이상화시키는 언급도 허식으로 느껴지며, 기껏해야 지성계와의 곤란한 관계를 철학적 태도로 바꾸는 한 방식에 불과한 것일 수 있다. "명석한" 벼락출세자, 따돌림당하면서도 따돌리는 자인 하이데거는 지성계에 또 다른 지적인 삶의 방식, 말하자면 (가령 텍스트를 대할 때나 언어를 사용할 때) 한층 "진지하고" 한층 "고심"하는, 특히 한층 **총체적인** 지적인 삶의 방식을 도입했다. 과학에 대한 반성으로 축소되어 버린 철학의 옹호자들보다 더 광범위하고 막중한 위임장을 요구하면서도, 그 대신 목자로서의 사명과 천국에 이르는

---

24) T. Cassirer, *Aus Meinem Leben mit Ernst Cassirer*, New York, 1950, pp. 165~167. 이는 Schneeberger, *Nachlese zu Heidegger*, pp. 7~9에 수록되어 있다.

25) 휘너펠트에 따르면 마르부르크 시절 하이데거는 민속 의상으로 복귀하자고 주장한 후기 낭만주의 화가 오토 우벨로데의 논의에 맞게 옷을 재단했다. 달라붙는 바지와 프록코트로 이루어진 그 옷은 '실존적 의상'이라고 불렸다(P. Hühnerfeld, *In Sachen Heidegger: Versuch über die ein deutsches Genie*, Munich: List, 1961, p. 55).

26) "1918년 학생들이 전장으로부터 돌아왔을 때 …, 독일 대학의 철학 세미나 시간에는 어떤 소문이 급속히 퍼져 나갔다. 프라이부르크에는 긴 수염을 기른 에드문트 후설이라는 광대뿐만 아니라, 보잘것없어 보이는 젊은 조교가 한 명 있는데, 그는 철학자가 아니라 전선을 고치러 온 전기 기술자처럼 보인다. 그러나 그 조교는 매우 빛나는 인격을 가졌다는 소문 말이다." (*Ibid.*, p. 28)

도덕적 양심의 역할에 힘입어 모범적 실존에 절대적이고 비타협적으로 참여하는 **사유하는 스승**이라는 삶의 방식을 도입한 것이다.

하이데거의 귀족적 민중주의에 은닉된 이중적 거부는, 1세대 지식인인 그에게 역설적 반전처럼 보였던 것, 그러니까 그가 대부르주아라고 지각했던 자들의 "민주주의적", "공화주의적", 심지어 "사회주의적" 성향들에 대해 그가 가졌을 법한 다소 분노 어린 표상과 무관치는 않을 것이다. 하이데거는 이 성향들이 그 자신과는 모든 면에서 동떨어져 있으며, 특별히 자신의 민중주의적인 확신이 담고 있는 "본래성"과 진지함의 면에서 동떨어져 있다고 느꼈다. i) 본래성의 완벽한 표현인 과묵한 침묵Verschwiegenheit과 잡담Gerede, Geschwätz 간의 대립, ii) "대지" 및 "뿌리" 이데올로기의 중심에 있는 뿌리내림Bodenständigkeit과, 해방된 의식의 유동성 및 **방랑하는**(이는 또 다른 핵심어다), 아마도 플라톤적인 토포스를 매개로 **유대인적**[27] 지식인의 뿌리뽑힘과 동일시된 호기심Neugier 간의 대립, 마지막으로 iii) 도시적이고 유대인적인 '근대성'의 불순한 세련됨과 농민의 고대적이고 전원적이며 산업화 이전 분위기의 소박

---

27) 하이데거가 지성계와 맺은 관계 자체가 어떻게 은밀하게 반유대주의에 의해 과잉 결정되었는지를 완벽히 이해하기 위해서는, 하이데거에게 **스며들었던** 이데올로기적 분위기 자체를 다시 파악할 수 있어야 할 것이다. 가령 유대인과 근대성을 결부시키거나 유대인들과 파괴적 비판을 결부시키는 주장은 도처에서, 특히 반(反)맑스주의적 저술에서 흔히 볼 수 있었다. 또 예를 들어 베를린 대학의 교수이자 19세기 말 민족적 이데올로기의 저명한 주창자이기도 한 트라이치케*는 유대인들이 시골에 근대를 도입함으로써 독일 농촌을 파괴했다고 비난했다(George L. Mosse, *The Crisis of German Ideology*, New York: The Universal Library, Grosset and Dunlap, 1964, p. 201 참조).

* "유대인은 우리의 불행이다!"(Die Juden sind unser Unglück!)라는 모토로 집약되는 트라이치케의 반유대주의 공격은 헤르만 코헨이 1880년대 이후 유대주의 논쟁에 적극적으로 개입하게 된 계기가 되었다. ─옮긴이

함 사이의 대립 —— 이들 농민과 '세인'의 원형인 도시 노동자의 관계는, "존재의 목자"와 애착도 뿌리도 믿음도 법도 없이 방랑하는 지식인의 관계와 같다.[28] 정교한 체계의 핵심에 있는 이와 같은 일련의 대립에서, 위에서 언급한 하찮고 수다스러운 휴머니즘과 하이데거를 대립시키는 뿌리 깊은 적대를 어찌 인정하지 않을 수 있겠는가?

몇몇 증언과 선언문에는 지식인과 학생들의 습성에 대한 격분과 도덕적 분개가 종종 직접적으로 드러나기도 한다. "그는 모든 '문화 철학'을, 마찬가지로 철학 학회를 혐오했다. 1차 세계대전이 끝난 직후 출간된 수많은 논평은 하이데거의 격렬한 분노를 자아냈다. 그는 막스 셸러에게 매우 가혹한 편지를 쓰기도 했다. 다른 석학들은 이미 낡아 버린 **로고스** 옆에 쭈그리고 앉아 **에토스**와 **카이로스**를 출간하고 있는 반면, 당신은 하르트만을 '혁신하고 있다'[29]는 식으로 말이다. "다음주의 우스갯소리는 무엇이 될까요? 제 생각으로는 내부에서 바라본 광인의 집이 이 시대보다 더 선명하고 이성적인 모습을 보여 준다는 것일 겝니다."(K. Löwith, "Les implications politiques de la philosophie de l'existence chez Heidegger", *Les Temps Modernes*, 2e année, 1946, p. 346) 학생들(부르주아?)의 '태만

---

28) M. 하이데거, 『디 자이트』(*Die Zeit*)에 보내는 1953년 9월 24일 편지(이 편지는 J.-M. Palmier, *Les écrits politiques de Heidegger*, ed. de L'Herne, Paris, 1968, p. 281에 인용되어 있다). 이러한 대립 구도는 보수주의적 사유에서는 흔하게 발견된다(가령 졸라의 *La débâcle*에서도 이를 찾을 수 있다).

29) 로고스(logos)는 '말', '사유', '이성'을, 에토스(ethos)는 '습관', '관습'을, 카이로스(kairos)는 '알맞음', '때맞음', '핵심적인 부분', '지속을 가지지 않은 한때'를 뜻한다. 여기서 하이데거는 당시의 학자들이 본래적인 사유를 하기보다는 사람들의 성향에 전적으로 의존하는 시대 영합적인 사유를 한다는 점을 지적하고 있다. —옮긴이

하고' 안이한 삶에 대한 표상은 나치 총장 메시지의 행간에도 배어 나온다. "그토록 찬양받은 '대학의 자유'는 독일 대학에서 추방되었다. 왜냐하면 이 자유는 순전히 부정적이라는 점에서 비본래적이기 때문이다. 이 자유는 곧 의향이나 경향성에 만족해 버리는 **태만함**, 행위에서의 **방종과 자유방임**을 의미한다. 독일 학생에게 걸맞은 자유 개념은 이제서야 자신의 진리를 찾아간다."(M. Heidegger, "L'auto-affirmation de l'Université allemande", 1933년 3월 27일. 이 선언문은 M. Heidegger, "Discours et proclamations", *Méditations*, n° 3. 1961, pp. 139~159에 실려 있다.) 또 다른 증언에 따르면 하이데거는 자기 동료들을 전혀 존경하지 않았고, 가까스로 "명맥만 유지하는" 강단 철학자들과 한통속이 되길 원하지 않았다(Hühnerfeld, *In Sachen Heidegger: Versuch über die ein deutsches Genie*, p. 51 참조).

이상화된 농촌 세계에 대한 고양된 경험에서 살펴볼 필요가 있는 것은, 이 경험의 토대라기보다는 아마도 지성계에 대한 양가적 태도를 승화시켜 우회적으로 표현한 대목일 것이다. 베를린 대학 총장직을 거부한 까닭을 해명하기 위해 하이데거가 라디오에서 발표한 강연 「우리는 왜 시골에 머무는가?」의 의미심장한 몇몇 순간을 인용하는 것으로 충분할 것이다. "겨울 한밤 눈보라가 산장을 감싸고 온 세상을 뒤덮으면, 그때 철학의 주요 순간이 다가옵니다. 철학의 물음들은 단순하고 본질적인einfach und wesentlich 것이 될 수밖에 없습니다. … 철학 노동은 독창적인 사람의 고립된 기획으로 이루어지지 않습니다. 그것은 농민의 노동 한가운데에 있습니다. … 도시인은 자신을 낮춰 농부와 긴 대화를 나눌 때 자기가 '민중과

섞여 있다'고 믿곤 하죠. 저녁에 저는 노동을 중단하고 농부와 함께 벽난로 앞 의자나 성상을 안치해 놓은 구석에 앉지만, 대부분은 거의 아무 말도 하지 않습니다. 우리는 침묵하며 파이프를 피웁니다. … 흑림 지역, 그리고 그곳 사람들과 내 노동이 맺는 내밀한 관계는 알레마니아-슈바벤 지방에의 뿌리내림에 토대를 두고 있습니다. 100년 이상 묵은, 대체 불가능한 뿌리내림에 말입니다."[30] 그리고 조금 더 뒤에서 하이데거는 이런 이야기를 들려준다. 베를린에서 두 번째 부름을 받았을 때 자기는 "일흔네 살의 오랜 농부 친구"를 보았고, 이 농부는 아무 말 없이 하이데거 자신이 이 부름을 거절해야 한다고 그에게 일러주었다는 것이다. 헤라클레이토스의 빵가마 곁에서 철학 신전으로 입장함을[31] 미리 보증해 주는 일화인 셈이다.

철학사가들은 가능한 것들의 공간을 구획하는 철학의 주요 선택지들, 가령 신칸트학파, 네오토미즘, 현상학 등이 인물들의 감각적 형태로 제시된다는 것을 아주 흔하게 망각한다. 이런 감각적 형태는 해당 인물들의 생활 방식, 행동거지나 말하기 방식, 백발, 올림푸스 신의 풍모 등으로 파악되며, 그것도 이 인물들에게 구체적인 생김새를 부여해 주는 윤리적 성향 및 정치적 선택들과 연관해서 파악된다. 이와 같은 감각적 외형들은 공감이나 반감, 분개나 동조 속에서 혼돈되게 지각되는데, 이런 감각적 외형들과 관련해서 위치들은 체험되고 입장들은 규정된

---

30) M. Heidegger, "Warum Bleiben wir in der Provinz?", *Der Alemanne*, 1934년 3월호. 이는 Schneeberger, *Nachlese zu Heidegger*, pp. 216~218에 인용되어 있다.

다. 철학장에서의 성공적인 자리 점유와 자리 이동은 윤리적·정치적이면서 철학적인 놀이 감각을 상정하는데, 이러한 놀이 감각은 [한편으로] '보수혁명'과 [다른 한편으로] 신칸트주의적 형이상학 비판이나 '이성 지배'를 반혁명적으로 전복시키는 전향 운동을 실천적으로 뒤섞으려는 철학적 기획을 생산하기 위한 놀이에서, 이러한 놀이 감각이 있느냐의 여부는 바로 이와 같은 과잉 결정된 표지들로 식별된다.

하이데거는 예수회 학교에서, 그다음에는 프라이부르크 대학의 신학자들한테서, 그리고 일 때문에 어쩔 수 없이 읽어야 했던 철학 저자들의 독해에서, 상대적으로 희소한 특수 능력을 획득했다. 그는 이 능력을 물음 제기, 즉 **근본적**(혹은 급진적. 이는 그의 저서나 편지에 끊임없이 등장하는 단어다)이면서도 대학에서 존중받을 만한 물음 제기라는 기획에 투여한다. 겉보기에는 모순적인 이러한 야망 덕분에 그는 대립되는 극단들을 상징적으로 통합해 낸다. 이렇게 해서 하이데거는 [한편으로] 자신이 지적 수행의 모델로 삼았던 게오르게 서클(노르베르트 폰 헬링그라트가 재발굴한 횔덜린이나 라인하르트의 『파르메니데스』[32]를 생각하면 될 것이다) 같은 소모임의 비의적 귀족주의와, [다른 한편으로] 소박한 삶,

---

31) 「휴머니즘 서간」*Brief über den Humanismus*에서 하이데거가 언급한 헤라클레이토스의 빵 가마 이야기를 비꼬는 표현. 고상한 사상가를 기대했으나 빵가마 옆에 쭈그리고 앉아 불을 쪼이고 있는 헤라클레이토스의 모습에 실망한 외국 손님들, 그런 그들에게 "여기에도 신들이 현전한다"라고 했다는 헤라클레이토스. 이를 통해 하이데거는 진리란 인간이 거주하는 일상적이고 친숙한 장소(에토스)에 있음을 보여 주는 동시에, 암묵적으로는 세인의 호기심을 비판하고 있다. ─옮긴이

32) 카를 라인하르트(1886~1958). 독일의 고전 문헌학자. 그의 고전 해석은 카시러와 하이데거에 영향을 끼쳤다. 여기서 말하는 『파르메니데스』는 *Parmeindes und die Geschichte der griechischen Philosophie*(1916)를 가리킨다. ─옮긴이

시골풍의 검소함, 산책, 자연식품, 손수 지은 옷으로 돌아가라고 설교한 슈타이너의 인간 지혜 운동이나, 청년운동의 생태학적 신비주의를, 일종의 교리 전수 대학의 신 없는 신학으로 화해시키려 한다. 하이데거의 문체에 담긴 바그너식 과장과 허풍——의도한 바는 아니겠지만, 이는 거만한 반反바그너적 운율과 리듬을 담은 슈테판 게오르게의 극본과는 거리가 멀다——, 고전이 된 저자들을 '진부하지 않게 만드는' 아방가르드[33] 형식, '생활에 필수적인 것만을 만드는 세계'로, '손에 미칠 수 있는 것'으로, 즉 일상적 실존으로의 회귀,[34] 천연 산물과 지방색 강한 옷을 소비하는 지방적 금욕주의——이는 이탈리아 포도주나 지중해식 풍경, 말라르메풍의 그리고 라파엘로 전파[35]풍의 시, 고풍스런 의상, 단테 옆얼굴을 애호하는 위대한 [종교] 입문자들이 보여 준 미학적 금욕주의의 소부르주아적 희화화라 할 수 있다——, 이 모든 것은 이 귀족주의의 교수적 변종, 즉 '민주화된' 변종을 통해서, 귀족 사회에서 배제되었지만 귀족주의를 배제할 수 없었던 자를 폭로해 준다.

하이데거가 생산한 특별히 이례적인 문체적 조합과 이 조합이 실

---

33) 여러 예술 분야 가운데 가장 학술적인 분야인 시 부문에서 두드러지게 나타났던, 재발견 혹은 회복을 기치로 한 전위주의는 제1세대 대학인들에게 완벽히 들어맞았다. 지성계에 불편을 느꼈던 그들은 모든 미학적 전위 운동(가령 표현주의 영화나 회화)을 거부했고, 모던한 것에 대한 거부를 의고적 양식에 의지하여 전위주의적으로 정당화한다.

34) 다보스 토론에서 카시러가 한 말에도 나와 있듯(E. Cassirer and M. Heidegger, *Débat sur le Kantisme et la philosophie, Davos, mars 1929*, p. 25), 당대인들을 가장 매료시켰던 것은 아마도 이와 같은 일상적인 것의 복권이었을 것이다.

35) 라파엘로 전파(pre-raphaelite brotherhood)는 19세기 중반 영국에서 시작한 미술 운동을 말한다. 로제티, 헌트, 밀레이가 주도한 이 운동의 모토는 르네상스 화가 라파엘로 이전의 화풍으로 돌아가, 미술의 진실성을 회복하자는 것이었다. ─옮긴이

어 나르는 이데올로기적 조합은 엄밀히 상동적이다. 이를 이해하려면, 하이데거 언어의 변별성이나 사회적 가치가 객관적으로 규정되는 당대 언어들의 공간에서 이 언어를 복원해 보기만 하면 된다. 다시 말해, 말라르메 이후의 시에서부터 슈테판 게오르게의 작품에 이르기까지의 관례적이면서 종교적인 언어, 신칸트학파의 합리주의에서부터 카시러 철학에 이르기까지의 학술어, 마지막으로 묄러 판 덴 브루크[36]나 정치적 공간에서 하이데거와 더 가까웠던 윙거[37] 같은 '보수혁명' '이론가들'의 언어가 지닌 변별점들을 표시하기만 해도 된다. 하이데거의 언어는 후기 상징주의 시 언어를 철학의 질서로 옮겨 놓은 것이지만, 후기 상징주의 시에서 보이는 엄격하게 의례화되고 고도로 정화된 언어 — 특히 어휘상으로 — 와는 대조적으로, 그의 언어는 개념시[38] 특유의 개념적인 논리가 함축하는 파격을 이용하여 낱말(가령 'Fürsorge'[39])이나 주제

---

36) F. Stern, *The Politics of Cultural Despair: A Study in the Rise of Germanic Ideology*, Berkeley-LA.-Londres: University of Califonia Press, 1961.

37) W. Z. Laqueur, *Young Germany: A History of the German Youth Movement*, London: Routledge, 1962, pp. 178~187.

38) Begriffsdichtung. 이 용어는 랑게가 『유물론의 역사와 그것이 오늘날 가지는 의미에 대한 비판』(*Geschichte des Materialismus und Kritik seiner Bedeutung in der Gegenwart*, 1866)에서 형이상학의 시적인 특징을 나타내기 위해 사용하였다. 형이상학은 경험의 한계를 넘어서 있으므로, '과학'이라는 의미에서 '학문'이 될 수는 없다. 그렇지만 인간이 단편적 진리밖에 주지 않는 과학에 의존하여 삶을 영위할 수는 없으며, 실천적인 삶을 위해서는 삶을 총체적으로 파악하는 형이상학은 반드시 필요하다. 이러한 형이상학은 실증적으로나 논리적으로 진위를 가릴 수 없는 시적 표현의 성격을 띤다. 랑게는 개념시를 "현상들에서 조화를 만들고 주어진 다양체를 통일하고자 하는" 각 개인의 사변적 시도로 규정한다. —옮긴이

39) 인간 '현존재'(Dasein)의 존재틀은 세계-내-존재이며, 이 때문에 현존재는 세계 내에서 다양한 존재자(물품이나 도구, 타인 등)를 만나면서 삶을 영위한다. 이는 '고립된 주체'로 존재하는 현존재가 추가적으로 사물이나 사람을 만난다는 의미가 아니라, 현존재에게는 본질적으로 '사물들 곁에-있음'과 타인들과 '함께-있음'(공동존재)이 속한다는 의미에서다. 'Fürsorge'는 타인들

들을 모아들인다. 단, 위대한 교리 입문자들[40]의 비의적 담론뿐만 아니라 대학 철학의 고도로 중성화된 언어에서도 배제된 것들을 말이다. 하이데거는 일상어[41]나 대중적인 속담에 담긴 사유의 무한한 잠재력을 이용하고자 했던 철학 전통의 권위를 빌려, 그때까지는 추방되었던 낱말과 사태를 대학의 철학에 (그가 흐뭇해하며 주석을 달았던 헤라클레이토스의 빵가마 우화를 따라) 도입한다. 물론 '보수혁명'에 수많은 논문과 낱말을 헌정한 하이데거는 '보수혁명'의 대변자들과 가깝다고 할 수 있다. 하지만 그는 형식 갖추기 덕분에 그들과 분리된다. 형식 갖추기는 가장

과 만나는 현존재의 존재 방식을 지칭하는 용어고, 이와 상관적으로 'Besorge'는 도구를 만나는 현존재의 존재 방식을 지칭하는 용어다. 소광희(1995)와 이기상(1998)은 'Fürsorge'를 각각 '고려', '심려'로, 'Besorge'를 모두 '배려'로 번역한다. 그러나 우리말 '배려'는 보통 사람에 대해 사용한다는 점을 고려하여, 이 책에서는 'Fürsorge'를 '배려'로, 'Besorge'를 '고려'로 옮긴다. —옮긴이

40) 게오르게의 문체는 한 세대 전체가 모방해야 할 일종의 규범이 되었다. 이러한 모방은 특히 그의 '건조한 합리주의'에 대한 경멸과 귀족적 이상주의를 동경한 '청년운동'을 매개로 이루어졌다. "사람들은 그의 문체를 모방했고 그를 즐겨 인용했다——특히 언젠가 불꽃 둘레를 돌았던, 그리고 영원히 불꽃을 좇을 사람을 그린 구절이나, 왕관이나 가문의 보증을 필요로 하지 않을 새로운 귀족의 필요성을 말한 구절, 폭풍과 섬뜩한 전조를 뚫고 추종자들을 미래의 제국으로 데리고 갈 지도자와 그의 민족의 기치를 그린 구절이 즐겨 인용되었다."(Laqueur, *Young Germany*, p. 135)

41) 하이데거는 Gestell(몰아세움)이라는 낱말의 '기술적'[전문적] 사용을 정당화하기 위해 명시적으로 전통을——그리고 더 정확히 말해, 플라톤이 '에이도스'(eidos)라는 말이 겹도록 만든 일탈을——환기한다. "Gestell이라는 말은 통상적인 의미로는 유용한 대상, 가령 책장 같은 것을 의미한다. 그런데 뼈대 역시 Gestell이라 불린다. 지금 우리가 요구하는 대로 Gestell이라는 낱말을 이용하는 것은 이 뼈대만큼이나 끔찍해 보인다. 하물며 이처럼 자연스럽게 생겨난 여러 낱말을 학대하는 전횡의 문제는 더 말할 나위 없다. 이런 기이한 일을 계속해야 하는가? 분명 그렇지 않다. 그런데도 그런 작업이 사유의 오랜 관행이었다."(M. Heidegger, "La question de la technique", *Essais et conférences*, Paris: Gallimard, 1973, p. 27. 국역본: 『기술과 전향』, 이기상 옮김, 서광사, 1993, 53쪽. 우리말 번역은 다소 수정) 하이데거는 '도를 넘어선 전횡'에 대한 한 학생의 고발에 대해 '사유의 과업을 파악'하라고 권유한다(Heidegger, "La question de la technique", pp. 222~223).

'조잡한' [일상어의] 차용물조차도 소리와 의미가 공명하는 망에 삽입함으로써 승화시킨다. 강단 예언자가 지은 횔덜린적 개념시를 특징짓는 것은 바로 이처럼 소리와 의미가 공명하는 망이다. 이 때문에 하이데거의 개념시는 대학의 고전적 문체의 대척점에 놓인다. 물론 대학의 고전적 문체에도 냉철한 엄격함의 정도에 따라 상이한 변종들 ── 예를 들어 카시러의 문체는 우아하고 투명하지만 후설의 문체는 비틀리고 모호하다 ──이 있긴 하지만 말이다.

3장 · 철학의 '보수혁명'

철학의 보수혁명가인 하이데거는 분석자를 거의 극복할 수 없는 곤경에 빠뜨린다. 이 보수혁명을 그 특이함의 면에서 사유하려면, 그러면서 '소박하다'는 비난을 피하려면, 철학 놀이[1]에의 참여는 어쩔 수 없으며 (가상과 결부된 주·객관적 이윤이 막대한 만큼, 어떤 의미에서 이는 매우 쉬운 일이다) 또한 철학장과 그 역사에 내재하면서도 어떤 전복의 토대에 고스란히 있는 전제들 모두를 어쩔 수 없이 받아들여야 한다 — 왜냐하면 이 전제들을 문제 삼지 않을 때야 비로소 이 전복은 철학적 혁명일 수 있으니까.[2] 그러나 이 혁명을 객관화하고 이 혁명을 출현시킨 사회적

---

1) Jeu. 부르디외 번역에서는 보통 '게임'으로 번역된다. 부르디외가 장을 경쟁의 공간으로 생각했다는 점이나 이 책에 등장하는 '내깃거리'(enjeu)나 '전략'(stratégie)과 같은 용어를 고려해 볼 때 게임으로 번역하는 것이 합당하다. 그러나 이 책에서는 4장 이후에 나올 '말놀이'나 '언어 놀이'와의 연관성 때문에 '놀이'로 옮긴다. —옮긴이

2) 내가 『판단력 비판』에 대한 자크 데리다의 독해에 관해 보여 주려고 했던 것처럼, '해체'가 전제들 모두 — 저자에게 '철학자'의 지위를 주장하고 그의 담론에 대해 '철학적' 존엄을 요청한

조건을 객관화하기 위해서는, 철학적 독사doxa와 토착민 특유의 '소박함'을 진정으로 판단중지해야 하며, 따라서 [철학] 놀이에 낯선 양하는 위험, 그러니까 [철학] 놀이에 무관심하고 [이 놀이를] 잘못하는 것처럼 보일 위험을 무릅써야 한다. 나아가 순수한 저작이 스스로 덧쓰고자 하는 이미지, 그러니까 그 어떤 '환원'으로도 접근할 수 없고 건드릴 수도 없는 신성한 실재라는 이미지를 강화하면서까지, 신념을 그대로 놓아둘 위험을 감수해야 한다.[3]

[분석 대상에 대한] 몰이해에 빠지거나 [분석 대상과] 영합할 위험이 항상 도사리고 있는 분석에는 불가피한 애매성이 있는데, 이런 애매성을 벗어났다는 확신이 없어도, 철학장이라는 사회적 소우주에서 발생했기 때문에 철학적이면서도 불가분적으로 사회적인 전략들의 고유하게 사회적인 차원을 기술하는 일을 원칙으로 해도 좋을 것이다. 실상, 고유하게 철학적인 이해 관심은, 그 특유의 **앎의 충동**libido sciendi의 존재에서나 그 방향과 응용 지점에서나, 해당 순간 철학장의 구조에서 점유하는 위치에 의해, 또 이 위치를 통해 장의 전全 역사 — 이는 특정 조건에서 역사성에 관련된 한계들을 실질적으로 극복하는 원천일 수 있다[4] —

다는 사실에는 이러한 전제들의 인정이 함축되어 있다 — 와 놀이를 벌이지[즉, 전제들 모두에 대해 작동하지] 않는 한, 해체는 '부분적 혁명'만을 이룰 뿐이다(P. Bourdieu, *La distinction, Critique sociale du jugement*, Paris: Minuit, 1979, pp. 578~583).

3) 나는 두 번째 길[즉 객관화의 길]을 선택했기 때문에, 알튀세르와 발리바르와 관련하여, 철학적 수사에 대한 과학적 객관화와 "철학적인 논의" 간의 단절을 표시하기 위해 만화(la bande dessinée)라는 명시적으로 우상 파괴적인 언어를 채택했다(P. Bourdieu, "La lecture de Marx: Quelques remarques critiques à propos de "Quelques remarques critiques à propos de 'Lire le Capital'"", *Actes de la recherche en sciences sociales*, n. 5/6, nov. 1975, pp. 65~79 참조).

4) 역사성이 할당하는 작업의 방대함과 마주하게 되면, 이 작업에 필요한 엄밀함을 갖추는 데 불

에 의해 결정된다고 가정된다(명시적으로 진술된 전제는 방법론적 요청이 된다).

하이데거의 내깃거리들이 전적으로는 아니더라도 우선적으로는 철학장에 새겨져 있다는 점 ― 이 점에서 그는 철학자다 ―, 그리고 그에게는 새로운 철학적 위치를 존재케 하는 것이 무엇보다 중요했으며, 이 새로운 위치는 근본적으로 칸트와의 관계, 더 정확히는 신칸트학파 학자들과의 관계에서 정의된다는 점, 이에 대해서는 의심의 여지가 없다. 이들 신칸트학파는 정통적인 철학적 기획, 칸트의 업적, 칸트적 문제 설정을 담보물로 하는 상징 자본의 이름으로 장을 지배한다. 이런 문제 설정은 그 당시 합법적인 물음이었던 인식의 문제와 가치의 문제[5]를 두고 신칸트학파들 사이에 일어난 갈등이라는 형태로 사회적 공간에 구현되는데, 장과 장을 지배하는 자들은 이와 같은 문제 설정을 통해 신참자의 전복적 기획에 과녁을 ― 마찬가지로 한계를 ― 정해 준다. 폭넓은 교양을 갖췄던 하이데거, 정통적이면서도(그는 칸트, 특히 아리스토텔레스와의 관계에서 고찰된 칸트를 다룬 저서들에 대해 다수의 논평을 출간했다) 동시에 비정통적이고, 나아가 둔스 스코투스에 대한 교수 자격 논문이 보여 주듯 약간 이단적이기까지 한 하이데거, 그는 (정치와 유비하여)

가결한 (철학적·역사적·정치적 등등의) 지식 전부를 통달할 능력이 없는 한, 방법의 응용보다는 방법 자체가 낫다고 생각하지 않을 수 없다.
5) 사회학주의라는 혐의를 거의 받지 않은 리처드슨의 관찰처럼, "오로지 두 가지 문제, 즉 인식 비판의 문제와 가치 비판의 문제만이 **철학적으로 받아들여질 수 있었다.**" (W. J. Richardson, *Heidegger: Through Phenomenology to Thought*, La Haye: Martinus Nijhoff, 1963, p. 27. 강조는 저자) 장의 주요 효과 중 하나는 바로, 받아들일 수 있는 것과 받아들일 수 없는 것에 대한 (철학적·과학적·예술적 등의) **특별한 정의**를 부과하는 데 있다.

이론적 노선이라 부를 수 있는 것으로부터 이 문제들을 다룬다. 이 이론적 노선은 하비투스의 심층에 뿌리내리고 있으므로 그 원리는 철학장의 논리만을 전적으로 따르는 것은 아니며, 또한 그것은 장들의 집합에서 실현된 선택 원리이기도 하다. 알다시피, 정치장·대학장·철학장 사이에는, 특히 이 장들을 구조화하는 주요 대립들 사이에는 상동이 성립한다. 자유주의와 맑스주의 사이의 정치적 대립, (철학을 포함한) 전통적인 인문학과 자연과학 —여기에는 자연과학적 실증주의적 확장인 인간과학도 포함되며, '심리주의'·'역사주의'·'사회학주의' 같은 수행원도 포함된다 —사이의 학제적 대립, 마지막으로 그 자체로는 '순수할'지 모르나 정치적 질서나 학제적인 정치 질서와 공명하는 분할로 분리된 여러 형태의 칸트주의 사이의 철학적 대립, 이 대립들 사이에 상동이 성립하는 것이다. 이 점을 염두에 두면, 철학적 감각은 이론적 노선의 감각과 마찬가지로 일체의 정치적이거나 학제적인 결정에서 자유롭다는 가상 아래 오직 철학적 지평에서만 선택하지만, 이 선택은 불가피하게 정치적으로나 학제적으로 **과잉 결정된**다는 점은 명확하다. 철학 진영 —예를 들어, 직관의 편에 서자고 촉구하는 진영이나 그 반대로 판단이나 개념의 편에 서자고 촉구하는 진영, 또는 초월론적 분석론보다 초월론적 감성론을 우위에 두자고 촉구하는 진영, 논증적 언어보다 시를 우위에 놓자고 촉구하는 진영 —가운데 학제적인 선택이나 정치적인 선택을 담고 있지 않은 철학 진영은 없으며, 자기 진영의 가장 심층적 규정들 일부를 다소 무의식적으로 떠맡은 이러한 부차적 선택[학제적인 선택과 정치적인 선택]에 빚지고 있지 않은 철학 진영도 없다.

하이데거의 사유가 이례적으로 다성적이며 다산적인 특징을 갖게 된 까닭은, 그가 동시에 여러 사용역使用域, registre에서 조화롭게 말할 소질, 예를 들자면 칸트 업적의 순수하게 철학적인 (그러나 그 자체 정치적으로 과부하가 걸린) 독해들에 대한 순수하게 철학적인 비판을 통해 사회주의나, 과학 또는 실증주의를 (부정적으로) 환기할 수 있는 소질을 지녔기 때문일 것이다. 어떤 장에서는 모든 규정은 부정이며 (다른 곳에서 정치적 노선이나 예술적 분파가 그렇듯) 이론적 노선은 경쟁하는 다른 노선들과 대립하지 않고서는, 따라서 이 노선들에 맞서 부정적으로 자신을 긍정하지 않고서는 자신을 정립할 수 없다. 상이하지만 구조적으로 상동을 이루는 여러 양자택일, 이들 양자택일의 두 항 모두와 대립하는 거부들이 같은 원리를 가지고 있는 이상, 상이한 정신적(그리고 사회적) 공간에서 제시된 (항상 제3의 길에 속하는) 해결책들도 곧바로 일치하게 된다. 구조상 등가이기 때문이다.

신칸트학파식의 문제 설정이 코헨처럼 하이데거의 윤리-정치적 성향들과 가장 대립적인(나아가 가장 반감을 자아내는) 형태로 표출되든, 하이데거의 내밀한 적수인 후설처럼 가장 정교한 형태, 가장 완벽히 복원되고 쇄신된 형태로 표출되든, 이런 신칸트학파식의 문제 설정과 대결하는 작업, 이는 곧 [사회적] 공간들 사이의 상동을 이용하여 대학장에서 제기된 문제들(철학과 과학 각자의 지위에 대한 물음)이나 정치장에서 제기된 문제들(1919년 위기의 사건들이 제기한 물음들) 중 몇 가지를 가장 심층적이고 근본적인 수준에서 제기한다는 느낌을 주는 작업이다. 『칸트와 형이상학의 문제』에서 그랬듯이, 하이데거는 사실로 구성된 과학에 대해 그 권리 조건에 대한 물음을 제기하는 방식을 거부함으로써, 신칸트학파가 철학을 과학에 대한 단순한 반성으로 축소할 위험을 무릅쓰고서 정착시키려 한——이 점에서 신칸트학파는 실증주의와 가깝다——과학에 대한 철학의 예속을 전복시킨다. 하이데거는 철학을 [다른 학문을] 정초하지만 그 자체는 정초될 수 없는 토대에 관한 학문으로 세움으로써, 마르부르크학파의 사법적 분석으로 빼앗겼던 자율성을 철학에 되돌려주며, 동시에 존재 의미에 대한 존재론적 물음을 실증과학의 타당성에 대한 질문들 모두에 앞서는 선결 작업으로 삼는다.[6]

이러한 혁명적인 전복은 경건하게도 **본질성**Wesentlichkeit의 전략이라 불릴 만한 것의 전형적인 사례로서, 또 다른 전복을 이끈다. 코헨은 초월론적 상상력의 문제에 비해 판단의 문제를 특권화하도록 하는 논리의 끝까지, 다시 말해 절대적 관념론까지 가 보지 않고서, 직관을 개념으로 환원하고 감성적인 것을 논리적인 것으로 환원하며, 또한 물 자체라는 관념을 괄호 치면서 (헤겔의 범논리주의가 정립한) 이성의 완성된 종합을 지성의 미완성된 종합으로 대체하려 한다. 반면 하이데거는 앎의 미완성에 대한 긍정에서 드러나는 것, 다시 말해 유한성을 코헨과는 정반대로 취함으로써, 직관과 감성론의 특권을 복원시키고 실존론적 시간성을 감성적인 순수 이성의 초월론적 토대로 삼는다.

철학적 전략은 철학장 한가운데서의 정치적 전략과 불가분적이다. 가령 형이상학에 대한 칸트적인 비판의 토대에서 형이상학을 발견한다는 것, 이는 칸트적인 전통에 결부된 철학적 권위라는 자본을, '수 세기 동안 찬미된' 이성 내에 '사유의 가장 끈질긴 적'이 있음을 감지해 내는 '본질적 사유'das wesentliche Denken[7]에 이익이 되게끔 유용流用한다는 것이다. 이는 신칸트학파와 싸우되, 칸트 철학의 이름으로 싸울 수 있게 하는 최고의 전략, 따라서 칸트 철학에 대한 이의 제기에서 얻는 이윤과

칸트의 권위에서 얻는 이윤 모두를 축적할 수 있도록 해 주는 최고의 전략이다. 이런 식의 전략은 모든 합법성이 칸트로부터 유출되어 나오는 장에서는 드물지 않다.

[하이데거의] 주요한 저격 대상이었던 카시러는 여기에 속지 않으며, 다보스에서 열린 대담[8]에서 그는 학제적 '기품'을 버리고 노골적으로 환원적인 언어로 전유와 독점을 말한다.[9] "칸트 철학에 관해, 누구도 그것

---

6) J. Vuillemin, *L'héritage kantien et la révolution copernicienne*, Paris: PUF, 1954 참조. 특히 p. 211을 보라. 그리고 이러한 분석 자체에 대해서는 하이데거를 다루고 있는 이 책의 3부(pp. 210~296)를 보라.

7) Richardson, *Heidegger: Through Phenomenology to Thought*, p. 99 참조.

8) 다보스 토론/대담. 1929년 3월 스위스의 다보스에서 3주간 진행된 국제 학술회의 첫날에 열린 카시러와 하이데거의 대담. 카시러와 하이데거는 열다섯 살 차이가 났지만, 각각 마르부르크학파의 직계와 서남학파의 방계였고, 사적으로는 교수직(마르부르크 대학, 베를린 대학)을 놓고서 경쟁했으며, 무엇보다 상이한 철학 정신의 대변자였다. 카시러가 이성주의, 낙관주의, 휴머니즘을 상징한다면, 하이데거는 실존적 운명론과 보수주의를 상징했다. 원래는 칸트 철학에 대한 각자의 해석을 옹호하는 자리로 기획되었고 자유와 상상력(도식화)의 관계나 유한성의 문제가 논의되었으나, 양자는 각자 자신의 철학을 말할 뿐이었다. 하이데거는 칸트 철학을 존재론으로 보고자 했으며, 카시러는 이런 하이데거가 인간 현존재의 '내던져짐'(Geworfenheit)을 과장하고 그 자발성을 과소평가한다고 보았으며, 또 주관주의에 빠져 과학의 객관성이나 도덕 법칙의 객관성을 무시한다고 평가했다. 이 대담은 상징적인 의미가 컸다. 이 대담에서 하이데거는 시대정신의 대변자로 각광받았는데, 이는 독일 철학에서 신칸트학파의 종언을 고하고 독일 문화가 빌헬름-바이마르 시대에서 나치 시대로 전환되었음을 보여 줬다. 이 대담은 마르틴 하이데거, 『칸트와 형이상학의 문제』, 이선일 옮김, 한길사, 2001, 359~385쪽에 실려 있다. ─옮긴이

9) 이 토론에서 하이데거가 무사안일주의에 빠진 관료에 맞선 '반역자', 세계시민주의적이고 도시적이며 부르주아적인 문화의 계승자에 맞선 '반역자'라는 선한 역할을 했다고 단정하기 전에 다음의 사실을 염두에 두어야 한다. 저명한 유대인 지식인이었던 짐멜이, 죽기 4년 전인 1914년에야 스트라스부르에서 교수로 임명되었던 것처럼, 저명한 유대인 지식인이었던 카시러도 딜타이의 도움을 받고서야 강의 자격(Venia legendi)을 얻었고 마흔네 살이 되던 1919년에 비로소 교수로 임명되었다. 그것도 새로 설립되어 혁신적인 성격을 띠었던 함부르크 대학의 교수로 말이다(F. Ringer, *The Decline of the German Mandarins: The German Academic Community, 1890-1933*, Cambridge: Havard University Press, 1969, p. 137 참조). 함부르크는 바

을 소유한다는 독단적 확실성에 빠질 권리가 없으며, 누구나 그것을 재전유할 온갖 기회를 붙잡아야 한다. 하이데거의 이 책은 칸트의 근본 입장을 이런 식으로 재전유하려는 시도이다."(E. Cassirer and M. Heidegger, *Débat sur le kantisme et la philosophie, Davos, mars 1929*, pp. 58~59, 강조는 인용자) '재전유'라는 낱말의 애매함은 그 자체로 의미심장하다. 이 애매함은 좀 더 뒤에서 밝혀진다. "하이데거는 이 책에서 주석가가 아니라 찬탈자로서 말한다. 칸트 체계를 예속시키고 자신의 문제 설정에 맞게 이용하려고 비수를 들고 칸트 체계를 난도질하는 찬탈자로 말이다. 이러한 찬탈에 맞서 복위를 요구해야 한다."(*Ibid.*, p. 74) 여전히 비유적이지만, 그 의미는 약간 뒤에서 정확히 규정된다. "하이데거가 칸트를 해석할 때 염두에 둔 것은 한 가지다. 칸트 체계 전체를 인식 비판으로 용해하여 결국은 단순한 인식 비판으로 환원하려는 신칸트학파를 뒤흔드는 일이다. 하이데거는 이러한 신칸트학파를, 칸트적인 문제 설정의 근원적으로 형이상학적인 성격과 대립시킨다."(*Ibid.*, p. 75) 조금 더 뒤에서 "하이데거의 가설은 근본적으로 공격 무기가 아닌가? 이미 우리는 칸트의 사유를 분석하는 영역이 아니라 칸트의 사유에 맞서는 논쟁의 영역에 완전히 빠져 있지 않은가?"(*Ibid.*, p. 78. 강조는 인용자) 하이데거는 여느 때와 마찬가지로 세련되게 부인[10]함으로써 카시러의 전략적인 분석을 격퇴한다.

르부르크 연구소(Warburg Institut)의 소재지이기도 했는데, 이 연구소는 호르크하이머가 프랑크푸르트에 설립한 사회 연구소(Institut für Sozialforschung)처럼 독일의 낡은 대학에 도전장을 던졌다. 하이데거나 그가 표현한 여러 사람의 도전보다 만회하기 어려운 진짜 도전장을 말이다.

10) dénegation. 이 낱말은 이미 앞의 1장에서도 여러 번 나왔고, 앞으로도(특히 4장) 여러 번 나온다. 이는 프로이트의 'Verneinung'을 번역한 것이다. 라플랑슈, 퐁탈리스의 『정신분석학 사전』

"나의 의도는 '인식론적' 해석에 맞서 새로운 무언가를 내놓고서 상상력의 명예를 기리는 것은 아니었다."(*Ibid.*, p. 43)

칸트주의의 재해석은 현상학의 회복 및 후설 사유의 '극복'과 하나가 된다. 어떤 면에서는 후설은 칸트를 극복하게 해 주었지만, 이제 (재해석된) 칸트는 후설을 극복하는 데 도움이 된다. 순수 경험 ── 즉, 선술어적 대상성에 대한 직관 ── 과 판단 ── 즉, 종합의 타당성을 정초하는 형식적 직관 ── 의 관계라는 순전히 현상학적인 문제에 대한 해답은 초월론적 상상력 이론[11]에 있다. 후설은 (인식 활동과 시간화가 분리될 수 없음을 발견함으로써 해답의 가능성을 열어 주었지만) 초월론적 논리 연구에만 몰두했기 때문에 그 해답을 제공할 수는 없었다. 플라톤적인 본질론

에 따르면, dénegation이란 "주체가 이제껏 억압되어 온 자신의 욕망, 사유, 감정 중 하나를 정식화하면서 그와 동시에 그것이 자기에게 속한다는 것을 부정함으로써 그것으로부터 자기를 계속해서 방어하는 절차"로 정의된다. 따라서 부인한다는 것은 어떤 사실을 부정하면서도 인정한다는 것이 함축되어 있으며, 이 책 4장의 '거짓 단절 전략'(stratégies de fausse coupure)의 핵심 기제 중 하나다. ─옮긴이

11) 이 책 앞에도 언급되었듯이, 하이데거는 『순수이성비판』을 인식론 또는 '과학에 대한 이론'으로 보는 신칸트학파에 반대하여, 『순수이성비판』을 '존재론'으로 본다. 그런 이상, 인간 현존재와 존재자 일반의 만남이 이루어지는 지평인 존재 이해, 즉 '존재론적 인식' 내지는 '초월'이 중요하다. 칸트는 인간의 인식이 '근본적으로 상이한 두 능력'인 감성(직관, 수용성)과 지성(개념, 자발성)의 결합으로 가능하다고 보았는데, '근본적으로 상이한' 두 능력이 어떻게 결합될 수 있는가의 문제가 제기된다. 칸트는 두 능력을 매개하는 능력으로서 '상상력'을 제시하는데, 하이데거는 이런 초월론적 상상력이 단순히 매개를 넘어서 감성과 지성의 공통 '뿌리'이자 '인간에서의 중앙'이라고 본다. 그리고 『순수이성비판』 A판의 삼중 종합(순수 포착의 종합, 순수 재생의 종합, 순수 인지의 종합)에 대한 재해석을 통해, 초월론적 상상력이 장래, 기재, 현재를 통합하는 근원적인 시간과 같다는 점을 발견한다. 결국 이렇게 재해석된 칸트는 존재의 의미가 시간에 있다는 하이데거의 선구자가 된다. 마르틴 하이데거, 『칸트와 형이상학의 문제』, 특히 이선일의 소개글 25~54쪽을 보라. ─옮긴이

과 칸트적인 초월론적 주관론을 화해시키려 했던 후설의 시도는 실패했지만, 이 실패는 결국 시간성의 존재론으로 극복된다. 다시 말해, 영원을 인간 실존의 지평에서 축출하고, 지적 직관이 아닌 감성적이며 유한한 직관을 판단의 근저에, 더 나아가 인식 이론의 토대에 두는 초월론적 유한성의 존재론을 통해서 극복되는 것이다. 현상학이 몰랐던 현상학의 진리, 신칸트학파가 은폐했던 『순수이성비판』의 진리는 "인식이란 일차적으로는 직관"이라는 사실에 있다. 초월론적 주관이 자기 자신을 초월하여 대상화하는 만남을 가능케 하는 한에서, 존재자로의 개시를 가능케 하는 한에서, 초월론적 주관은 시간과 다르지 않다. 시간의 원리는 상상력에 있으며 시간은 존재로서의 존재의 원천이 된다.

이러한 전복은 근본적이다. 후설 역시 존재를 시간에, 진리를 역사에 관련지었으며, 가령 기하학의 기원을 물어봄으로써 진리 구성의 역사라는 문제를 다소간 직접적으로 제기했으나, 다만 엄밀학으로서의 철학과 이성의 옹호라는 '노선'에 따라서 그렇게 했다. 반면, 하이데거는 시간의 존재를 존재 자체의 원리로 삼았고, 진리를 역사와 역사의 상대성에 잠기게 해 내재적 역사성의 (역설적) 존재론, 역사주의적 존재론을 정초한다.[12] 후설의 경우, 어떠한 대가를 치르더라도 이성을 구해 내야 했다. 반면 하이데거의 경우, 이성은 근본적으로 문제시되는데, 왜냐하면 상대성의 원리이자, 따라서 회의주의의 원리인 역사성이 인식의 원

---

12) 많은 사람의 지적처럼, 여기서도 하이데거는 갈수록 시간성과 역사성이 중요함을 인정하는 후설의 사유를 급진화했다고 말할 수 있다(A. Gurwitsch, "The last work of Edmund Husserl", *Philosophy and Phenomenological Research*, 16, 1955, pp. 380~399).

리에 놓여 있기 때문이다.

그러나 어떤 것도 그리 단순하지는 않으며, 근본적 극복의 전략은 애매한, 더 정확히 말해 **가역적인** 근본 위치들로 나아간다(이는 이후에 포기 없는 전복과, 그리고 이중 공모를 고쳐기에 알맞은 이중 놀이를 수월하게 해 줄 것이다). i) 존재에 역사를 새겨 넣기, ii) 본래적 주체성을, 책임을 떠맡은, 이 때문에 절대적인, 유한성으로 구성하기, iii) 구성하는 '나는 생각한다'의 핵심에 존재론적이면서 구성하는 시간, 다시 말해 해체하는 시간을 세우기. 이는 형이상학에 대한 칸트적인 전복을 [다시] 전복하는 것이자 형이상학에 대한 비판 자체를 형이상학적 비판으로 만드는 것, 요컨대 철학에서의 '보수혁명'을 완수하는 것이다. 그리고 이는 '보수혁명가들'(특히 윙거)의 전형적인 전략을 통해 이루어진다. 이 전략이란 **영웅적 극한들** 중 하나를 취해, 타지 않기 위해 불 속에 뛰어들고 아무것도 바꾼 것 없이 모든 것을 바꾸는 전략이다. 영웅적인 극한들은 자기를 항상 너머의 너머에 위치시키는 운동을 통해, 상반되는 것들을 역설적이고 모순적인 여러 명제로 **말로는**verbalement 통일시키고 화해시킨다. 형이상학은 유한성의 형이상학일 수밖에 없다는 주장, 오로지 유한성만이 무제약자에 이른다는 주장, 또는 실존하는 것은 역사적이기에 시간적인 것이 아니라 반대로 시간적이기에 역사적이라는 주장이 그런 경우다.[13]

---

13) Vuillemin, *L'héritage kantien et la révolution copernicienne*, p. 224와 p. 295 참조.

여기서 『동일성과 차이』에 진술된 헤겔에 대한 하이데거의 태도를 분석할 필요가 있을 것이다. 이 책에서 [하이데거와 헤겔의] 대면은 기호의 도치를 통한 병합하기-거리두기라는 형태를 띤다. 절대적 개념의 존재l'Etre, 즉 존재자들에 대한 완결된 사유의 존재는 존재자와의 차이, 차이로서의 차이가 된다. 또한 로고스 내에서 사유와 존재의 화해는 하이데거에게선 침묵 속에서 이루어진다. 존재의 현현이라는 과업, 다시 말해 모순들의 변증법이라는 과업은 무無인 순수 존재를 생성의 역사로 변형시킨다. 이러한 과업은 후기 하이데거에게서는 어쨌든 존재의 부재를 발견하려는 노력, 그리고 존재자들의 차이 속에서 존재가 유출되는 과정을 일종의 (흔히들 부정 신학에 대해 말할 때와 똑같은 의미에서) **부정 존재론**을 통해 현현하려는 노력이 된다. 이리하여 헤겔이 말하는 절대자의 **자기 운동**Selbstbewegung은 전복을 겪게 되는데, 이제 절대자는 오직 침묵 속에서만 또는 **은폐하는 존재**Ens absconditum를 시적으로 불러냄으로써만 표현될 수 있다.

말뿐인 전복renversement verbal은 실존하는 것의 본질적 역사성을 주장하고, 존재, 즉 무역사적이고 영원한 것에다 역사와 시간성을 새겨 넣음으로써, 역사주의를 피할 수 있게 하는데, 이런 전복은 철학 문제에서 보수혁명이 취한 모든 철학적인 전략들의 패러다임이다. 이와 같은 전략들의 원리는 항상 근본적 극복인데, 이러한 전략들은 모든 것을 바꾸는 것 같으면서도 모든 것을 보존할 수 있게 해 준다. 상반된 것들을 야누스처럼 두 얼굴을 한 사유로, 따라서 모든 면을 동시에 정면에 오게 할 수 있다는 점에서 **회피할 수 없는** 사유로 다시 모음으로써 말이다. 본질적 사유의 방법적 극단주의는, 우파가 좌파의 좌파가 되는 혹은 좌파가 우파의 우파가 되는 전복의 지점까지 나아감으로써, 우파든 좌파든 가장 급진적인 테제를 극복하도록 해 준다.

이처럼 상대주의나 니힐리즘의 원리인 역사에서 니힐리즘의 극복을 모색하는 것, 이는 시간성과 역사의 영원화를 통해 영원한 것의 역사화를 피함으로써 역사주의적 존재론을 역사로부터 보호해 주는 것이다.[14] 시간적인 실존에 '존재론적 토대'를 부여한다는 것, 이는 초월론적 자아에 대한 역사주의적 관점 —— 만일 이 관점에 선다면, (실증주의적 인간 과학이 분석하는 것과 같은) 인식하는 주체의 경험적 구성 과정을 정통적인 것으로 인정하고,[15] 또한 (가령 기하학의 본질과 같은) '본질들'의 발생에 있어서 시간의 구성적인 역할, 역사적 노동의 구성적인 역할을 정통적인 것으로 인정함으로써, 역사에 실질적인 역할을 부여하는 셈이 될 것이다 —— 과 **불놀이를 하면서도**, 그것을 가까스로 모면하는 것이다. 그러나 이는 또한 "인간을 이미 거기 있는 대상으로 연구하는"[16] 모든 종류의 인간학, 심지어는 (특히 카시러나 셸러가 제시한) 한층 '비판적인' 형태의 철학적 인간학과의 근본적인 **차이**를 고수하는 것이기도 하다. 이처럼 역사와 시간을 존재론화함으로써, 과학적 진리들이 자처하

---

14) 보수혁명은 결국은 출발 지점으로 되돌아오는 이중적 반(半)-혁명으로서, 이 보수혁명이 가동하는 전략의 특수성을 알기 위해서는, 근원적인 것의 회복으로서의 **역사적 전통**과 하이데거의 관계를, 역사주의의 강화에서 역사주의의 극복을 추구하는 역사에 대한 니체의 관점 —— 니체는 시간의 상대성과 불연속성에서 숙고된 단절과 (가령, 그리스인의 정적인 존재(l'Etre)로부터 해방시켜 주는) 능동적 망각의 도구를 발견한다 —— 과 비교해 보기만 해도 충분하다.

15) 이 야누스 철학자[하이데거]는 자기 사상의 이 측면에 기대서, 이후 「휴머니즘 서간」에서 맑스주의를 칭찬할 수 있게 될 것이다.

16) Heidegger, *Débat sur le kantisme et la philosophie*, p. 46.

고 또한 고전철학이 인정해 준 영원성은 이 진리들에서 제거되며, 이제 진리는 시간·역사·유한성으로 환원될 토대를 지니게 된다. 이와 같은 제거와 환원을 정초하는 운동을 감행함으로써, 역사와 시간의 존재론화는(그것과 분리될 수 없는 이해의 존재론화와 마찬가지로) **현존재**[17]의 존재론적 구성 ── 이제 현존재는 시간화이자 역사성으로서, 다시 말해 (사건으로서의 역사와 서술로서의 역사라는 이중의 의미에서) 역사 그 자체의 영원하고 **선험적인** 원리로서 구성된다 ── 이라는 영원 진리를 바로 역사(또한 인간학적 과학)로부터 얻어낸다. 그것은, 모든 역사적 규정을 벗어나, 현존재의 초역사적 진리는 곧 **역사성**이라고 진술하는 철학의 초역사적인 진리를 정초한다. 아무것도 바꾸지 않는 이론 정초적 동어반복을 통해 역사성이나 이해를 현존재의 근본 구조로 수립하는 일(그런데 과연 어떤 점에서 이해의 존재론은 이해를 더 잘 이해할 수 있게 하는 것일까?), 이는 더 근본적인 수준에서 더 급진적으로 물음을 제기한다는 인상을 주면서도 실제로는 그 물음에 대해 아무 말도 할 필요 없이 단지 실증과학이 그 물음에 대해 아무 말도 할 수 없다는 것만을 이해되도록 하는 것에 불과하다.

다보스 토론에서 하이데거가 카시러의 『상징 형식의 철학』에 맞서 가

---

17) Dasein. 이 용어는 원래 라틴어 existentia(실존)의 독일어 번역어였다. 반면 하이데거에게 Dasein은 '실존'을 본질로 하는 존재자, 즉 자신의 존재, 타인의 존재나 여타의 존재자의 존재를 문제 삼고 암묵적으로 이해하는 존재 방식을 지닌 존재자, 곧 인간을 가리킨다. 보통 '현존재'로 번역되며, 이때의 '현'이라고 번역된 da는 '열어 밝힘/개시성', '열림', '개방'을 의미한다. ─옮긴이

동한 전략에서 이러한 철학적 '노선'의 실천적 표출을 확인할 수 있다. 하이데거는 곧장 신칸트학파의 발생은 "인식 전체에서 아직 남아 있는 철학 고유의 영역이 있는가라는 물음 앞에서 철학이 느끼는 당혹스러움"(*Débat sur le kantisme et la philosophie*, pp. 28~29)에서 찾아야 한다고 주장한 다음, 인간 과학을 정초하려는 야심 —— 물론 그는 이런 야심 자체는 동의한다. ([여러 학문 사이에] 위계는 있을 것이다⋯) —— 의 토대를 의문시한다. 하이데거의 말에 따르면, 카시러의 저작은 "신화학에서 실증적인 탐구라는 문제 설정을 **근본적으로** 우월한 수준으로 옮겨 놓으며", 신화에 대한 시각을 제공하는데, 이 시각은 "만일 경험적 탐구에 침투해 들어간다면, 새로운 사실을 다시 통합하고 분석하는 작업에서, 또한 이미 획득된 자료들을 근본적으로 정교하게 다듬는 작업에서, 매우 확실한 안내를 해 줄 것이다."(*Ibid.*, p. 94, 강조는 인용자) 하이데거는 일단 지배적 분과학문의 지지자들이 하위 분과학문과 부딪쳤을 때 마땅히 해야만 하는 연대 선언을 공표하고 나서 그다음 자신에게 친숙한 전략, 즉 모든 극복의 극복 불가능한 극복이자 모든 정초의 자기 정초적인 정초이고 모든 예비에 절대적인 예비인 **본질성**의 공격으로 나아간다. "구성하는 의식의 기능으로서 신화의 예비적인 규정 그 자체는 충분히 정초되었는가? 분명 피할 수 없는 그러한 정초의 토대는 어디에 있는가? 이 토대는 충분히 다듬어져 있는가?" 코페르니쿠스적 혁명에 대한 칸트의 해석이 지니는 한계를 상기시킨 다음, 하이데거는 계속해서 "순수이성비판을 문화비판으로 단순하게 '**확장하는**' 것이 가능한가? 그렇다면, '문화'에 대한 칸트의 초월론적 해석의 토대가 명백히 밝혀졌거나 정초되었다는 것은 아주 확실한가, 아니면 오히려 가장 많은 논쟁의 여지를 남겨 두고 있지는 않은

가?"(*Ibid.*, p. 95. 강조는 인용자) 이처럼 물음에 동반된 긴 숙고를 통합적
으로 인용할 필요가 있다. '정초하는 사유'를 통한 극복이라는 순수한 의
도는 **발생 구조**로 기능하는 '큰 것'(따라서 피상적이고 '명백한' 것)과 '심오
한 것' 사이의 대립 구도로 무장하며, 반쯤은 주술적이고 반쯤은 공포스
러운 **기초적인 것**(이는 '심오한', '근본적인', '정초', '토대', '정초하다', '정초
되다', '심오하게', '바닥' 등으로 확장된다)과 **예비적인 것**("하면 …것이 그토
록 확실한가", "…은 어찌되는가", "…라고 자문하기 이전에", "무엇보다도 우
선 …해야 한다", "따라서 오로지 …이다", "근본적인 문제는 아직 다루어지지
않았다")이라는 수사를 통해 이루어진다. 칸트적인 주체성에 대한, 더 나
아가 '의식', '삶', '정신', '이성'처럼 그 주체성과 관련된 정신주의적인 어
휘의 토대에 대한 이와 같은 의심스러운 물음 제기가 기대할 수 있게 하
는 것과는 반대로, 우리는 분명 이러한 토대의 토대를 신화적 담론 생산
자들의 물질적 실존 조건에서 찾을 수는 없을 것이다. '정초하는' 사유는
이러한 '통속적인' 토대를, 즉 통속적으로 '경험적인' 토대를 인식하려 들
지 않는다.[18] (귀르비치가 아주 정확하게 불렀듯) '실존적 관념론'은 물질적

---

18) 같은 논리에서, 자신들의 논쟁이 엄밀하게 철학적이기를 바라는 하이데거와 카시러는 각자
의 입장의 '경험적' 토대에 대한 어떤 언급도 논쟁에서 하지 않기로 동의한다(물론 그렇다고 해
서 [각자의 입장을] 객관화해 주는 암시들이 더 늘어나지 않는 것은 아니다). "우리는 순수하게 논리
적인 논변에서는 거의 아무것도 얻을 게 없는 지점에 도달했다. … 그렇지만 우리에게는 **경험
적 인간**을 중심에 두는 이와 같은 관계에 머무를 권리가 없다. 이 점에서 하이데거가 마지막으
로 한 말은 매우 중요하다. 내 입장처럼 그의 입장 역시 인간중심적일 수 없으며, 만일 그의 입
장이 그렇지 않고자 한다면, 나는 다음과 같이 묻는다. 즉 그렇다면 우리 대립의 공통된 중심은
과연 어디에 있는가? 경험적인 것에서 그것을 찾지 말아야 한다는 것, 이것만은 명백하다." 하
이데거는 두 철학자의 차이에 관한 물음이 "인간중심적인 용어로 제기될" 수 있음을 배제해 버
림으로써, 그 자신도 철학적 독사의 이 암묵적인 공리에 집착하고 있음을 보여 준다(*Ibid.*, pp.
46~47).

인 실존 조건으로부터 더 잘 벗어나기 위해서만 실존에 접근한다. 민족적 사유의 전통이 말해 왔던 내부의 길den Weg nach Innen을 언제나 하던 대로 선택하면서, 하이데거는 바로 "실존 일반의 존재론적 구성을 예비하는 작업"에서 "신화적 사유"의 토대를 발견하고자 한다.

칸트가 말한 "존재론이라는 교만한 낱말"의 의미를 근본적으로 변질시키는 것을 대가로, 하이데거는 ('기초 실존범주들" 또는 "현존재의 존재의 근본 방식"이라 명명된) 여러 가지 실존적 특징 ─ 이는 인식(이해, 언어)을 가능하게 하는 (존재론적이라는 새로운 이름을 부여받은) 초월론적인 조건이라고 기술된다 ─ 을 현존재의 존재론적 구조에 새긴다. 요컨대 초월론적인 것을 존재론화한다. 이렇게 함으로써, 하이데거는 상반되는 것들을 처음으로 뒤섞는데, 이 덕분에 그는 파악 불가능하게 되고 대립하는 입장 중 어느 하나로 환원될 수 없게 된다. 이러한 뒤섞음은 다음의 사실에 의해 한층 심화된다. 곧 초월론적 존재론이 인식하는 존재를 비-존재로서, 다시 말해 시간화하는 활동으로서, 곧 기획투사로서 정의한다는 사실, 그리고 이처럼 존재와 시간을 동일시하는 역사의 존재론화에 의해 초월론적인 것의 존재론화가 완성된다는 사실에 의해서 말이다. 『존재와 시간』의 초월론적 존재론 및 실존론적 분석론과의 거리두기나 그 유명한 전회[19]는, 바로 역사의 존재론화를 거치면서 아

---

19) '전회'(Kehre)는 『존재와 시간』 이후의 하이데거 사유의 변화를 가리키며, 이후 자주 등장하는 하이데거I과 하이데거II를 구별하는 기점이다. 1930년의 「진리의 본질에 관하여」라는 논문으로부터 시작되었다고 평가하는 '전회'에 대해 논란이 있지만(실제로 일어났는가? 그 성격이 무엇인가?), '전회'를 통해 하이데거의 필생의 과업인 '존재의 의미에 대한 물음'에 대한 접근 방식

주 자연스럽게 부정 존재론으로 이어질 수 있었다는 것은 주지의 사실이다. 이 부정 존재론은 존재와, 현존재에 현전하는 한에서의 존재를 동일시함으로써, 존재란 발현의 과정('창조적 진화'?)임을 환기시킨다. 왜냐하면 존재의 실현은 이 존재를 존재하도록 하는 사유에, 역사성에의 순응으로서의 내맡김Gelassenheit에 의존하기 때문이다.

일단 '결연한 참여'의 시기가 지나가면, 이러한 사유 혁명의 초근본주의는 각자에게 "자기가 누군지 인정하고" "자기 처지에 맞춰 살 것"을 요구하는 네오토미즘식 지혜에 이른다. 굳이 전회나 총장직 사퇴 이후의 반쯤 칩거 상황을 직접 관련시키지 않아도 이를 이해할 수 있다. "보이지 않는 목자들은 황폐화된 대지의 사막 너머에 거주한다. 이제 대지는 인간의 지배를 공고히 하는 데만 쓸모 있을 뿐이다. … 대지에 은닉된 법칙은 가능한 것에 정해진 순환──누구나 여기에 따르지만 누구도 알지 못한다──에 따른 만물의 탄생과 죽음을 만족하는 절제를 통해 대지를 보존한다. 자작나무는 자기 가능성의 경계를 극복한 적이 없다. 벌떼는 자기 가능성 안에 거주한다. 오로지 의지만이, 말하자면 모든 측면에서 기술에 정착하고 있는 의지만이 대지를 뒤흔들고, 대지를 매우 피로하게 하고 훼손하며, 대지를 인공적인 것의 변화에 따르도록 만든다."[20]

이미 말했지만, 순수 사유의 정치적이고 학제적인 함의들은 철학장과 그 너머에서 끊임없이 공명한다. 하이데거의 가장 순수한 이론적 선

───────

이 바뀌었다고 평가된다. 전회 이전에는 현존재의 존재 이해를 분석함으로써(실존론적 분석론) 존재의 의미에 대해 접근하는 방식이었고, 이 방식은 인간중심주의적이었다. 그러나 '전회' 이후에는 존재 그 자체가 사유의 중심이 되며, 존재로부터 존재자로 사유가 전개된다. ─옮긴이

20) M. Heidegger, *Essais et conferences*, Paris: Gallimard, 1973, p. 113(강조는 인용자).

택이 담고 있는 고유한 정치적 함의는, 그와 그의 이론적 대화자 각각의 철학적 입장을 대학장의 논리나 정치장의 논리에 준거해서 생각해 보기만 해도 충분히 감지할 수 있다. 그렇지만 이러한 이차적인 의미작용을 그 자체로 얻고 싶어 할 필요는 없다. 이 이차적인 의미작용들은 **은유적 대응물·이중적 의미·숨은 함의**에서 자동적으로 도출되며, 이 숨은 함의는 훨씬 더 일반적인 타당성을 지닌 '노선', 즉 경험적·이론적으로 실존하는 자의 윤리적·정치적 선택의 방향을 정해 주는 하비투스의 노선이 철학장에 적용될 때 생겨나기 때문이다. 바로 장들의 상동성으로 인해서 말이다. 따라서 철학이 과학보다 우선한다는 주장이나 직관이 개념 혹은 판단보다 우선한다는 주장—이는 신칸트학파와 하이데거의 대결, 즉 칸트를 논리학과 이성의 편에 끌어들이느냐 그 반대로 감성론과 상상력의 편에 끌어들이느냐는 싸움의 내깃거리 중 하나였다—은, 정치장에서 관찰되는 비합리주의 선언들과 곧장 공명한다는 점을 위의 사실에서 곧바로 이해할 수 있다. 하이데거의 『순수이성비판』 독해는 이성을 감성에 종속시키려 함으로써, 즉 (칸트의 직관과 개념의 구별을 거부함으로써 모든 인식의 원천을 직관에서 발견했던 쇼펜하우어처럼) '이성을 감성화'하려 함으로써, 칸트 철학을 **계몽**에 대한 근본적인 비판으로 보이게 만든다.

칸트 철학처럼 종교와 철학 사이의 단절을 표시하는 데 가장 고심했던 철학에 하이데거는 '본질적 사유'에 의한 근본적 극복의 전략을 적용했는데, 그는 동일한 전략을 종교적 전통, 더 정확히는 루터교적 전통이나 키르케고르 사상과 같은 준-종교적 전통에 적용한다. 그럼으로써 그는 이전에 키르케고르의 반反신학적 신학이 형이상학적 테제로 변형했던 종교적 테마들의 세속화된 형태를 철학에 들인다. 이런 것들로는 가령 현존재의 존재 양식을 이루는 Schuld(죄)라는 관념, 또는 같은 기원과 같은 색조를 지닌 다른 수많은 개념, 즉 Angst(불안), Absturz(추락), Verderbnis(파멸), verfallen(퇴락하다), Versuchung(유혹), Geworfenheit(내던져짐), Innerweltlichkeit(세계 내부성)이 있다. 이 경우에도 결과는 같다.

하이데거가 절대 포기하지 않을 말놀이를 모방하여, 본질적 사유가 본질화된다고도 말할 수 있을지 모르겠다. 이 본질적 사유는 거의 완곡화되지 못한 신학적 통념의 대용품들을 '현존재의 존재 방식'으로 구성해 낸다. 또 그렇게 함으로써 '일상적인' 사람의 '일상적' 상황이 지닌 모든 특징, 가령 '세계'에 퇴락함, '잡담', '호기심', '애매함'과 같은 '세계성'으로의 '자아 상실'을 존재에 새겨 넣는다. 이와 같은 '전락'의 형이상학은 '방랑'을 원죄의 일종으로 보고 이를 존재 망각이나 진부함을 향한 몰두 같은 모든 개별적 오류의 원천으로 간주하게 된다. 그런데 이 '전락'의 형이상학의 진리는 병합하기 전략으로 집약되며, 또 이것을 통해 드러난다. 이는 하이데거가 신칸트학파와 맞섰을 때 사용했던 전략과 아주 흡사한 전략으로, 이 전략에 의해, '뿌리뽑힘'이라는 **민족적** 의미로 환원되었던 '소외'는 이제 현존재의 '존재론적-실존론적 구조'가, 다시 말해 존재론적 결여가 된다. 이러한 전략적 차용물은 역사의 존재론화를 **사회적으로 정당화**하는 정치적 기능 외에도, 전형적으로 하이데거적인 다른 효과의 진리를 누설해 주는 기능을 한다. 가능한 모든 근본주의의 근본적 (거짓) 극복이야말로 순응주의를 공격에서 보호해 주는 최상의 정당화가 된다는 점 말이다. 존재론적 소외를 모든 소외의 토대로 삼는 것, 이는 모든 혁명적 극복을 근본적으로 — 그러나 허구적으로 — 극복함으로써, 경제적 소외나 이에 대한 담론을 이를테면 평범하게 만드는 동시에 그것의 실재성을 상실케 한다.

하이데거는, 이전까지는 대학장의 주변부로 밀려나 니체와 키르케고르, 게오르게와 도스토옙스키, 정치적 신비주의와 종교적 열광주의가 뒤섞인 분파들 주변에 머물러 있었던 주제와 표현 양식 — 특히 주술적이고 예언적인 문체 — 을 대학에서 받아들일 수 있는 철학적 사유의 영역에 안착시킨다(그리고 신칸트학파와의 논쟁은 이와 같은 명성을 확고히 하는 데 상당히 기여했다). 그럼으로써 하이데거는 그때까지는 불가능했던 철학적 위치를 생산한다. 이 위치는, 이데올로기적-정치적 장에서 '보수혁명가들'이 사회주의자나 자유주의자와 관련해서 자리매김되듯이, 맑스주의나 신칸트학파와 관련해서 자리매김된다.[21] 기술에 관한 물음처럼 아주 노골적으로 정치적인 물음에서 곧바로 빌려 온 것을 제쳐 둔다면 — 이러한 상동성을 가장 잘 보여 주는 것이 **결단**Entschlossen-heit[22]에 부여된 자리다. 이 결단은 실존적 한계들에 대한 자유롭고도 거

---

21) 문체나 화법의 문제와 관련해서는, 하이데거는 그때까지 보수혁명 주변부에 있던 소수의 예언자만 사용했던 신비적 언어와 언어에 대한 신비적 관계에 경의를 표현하면서 그것을 대학의 어법으로 도입했던 듯하다. 소수의 예언자 중 가장 유명했던 율리우스 랑벤도 그런 식으로 과장된 산문을 썼다. 이 산문은 후기 니체를 모방했으며, 또 말놀이, 보통명사나 고유명사로부터 의미의 파생, 일종의 '신비적 문헌학'에 끊임없이 의존했다(F. Stern, *The Politics of Cultural Despair: A Study in the Rise of Germanic Ideology*, Berkeley-L.A.-Londres: University of California Press, 1961, pp. 116~117 참조. 또한 p. 176의 주석 1에 나와 있는 청년운동의 신비적 언어를 다루는 논문에 관한 언급을 참조하라).

22) Résolution. 『존재와 시간』의 핵심어 중 하나로서, '본래성' 또는 '본래적 실존'과 동일시된다. 결단은 현존재 앞에 놓여진 여러 가능성 중 하나를 선택하는 의지적 선택이나 결정을 말하기보다는, 현존재의 새로운 존재 가능성들 자체를 열어 밝혀 줌이자 그 가능성들을 받아들일 준

의 절망적인 대결로서, 이성적 성찰뿐만 아니라 변증법적 극복에도 대립한다.

비가 되어 있음, 즉 현존재의 존재 방식의 근본적 변화를 일컫는 것이다. Entschlossenheit를 소광희는 '결의성'으로, 이기상은 '결단성'으로 번역했으나, 이 책에서는 부르디외의 하이데거 해석을 고려하여 '결단'으로 옮기되 'avec résolution'의 경우에는 '결연하게'로 옮긴다. ─ 옮긴이

4장 · 검열[1]과 형식 갖추기

어떤 표현 의도를, 모든 문화적 생산장이 그 구조 자체를 통해 행사하는 검열의 한계 안에서 지키기 위해서는 완수해야 할 의식과 무의식의 노동이 있다. 하이데거의 저작은 이런 노동이 모범적으로 나타난 경우다. 철학적 문제 설정은 객관적으로 실현된 가능한 것들의 공간으로서, 표현 충동에 단속 효과, 경매나 촉진 효과를 행사하는 **가능한 시장**처럼 기능한다. 각 생산자는 이 문제 설정을 염두에 두어야 하며, 이 문제 설정이 부과하는 제약의 한계 내에서만 생산자의 사회적 환상도 표현될 수 있다. 결과적으로 학문 담론은 프로이트적인 의미에서 '타협 형성물'로

---

1) 부르디외는 검열을 다음과 같이 규정한다. "검열의 메타포에 속아서는 안 된다. 표현에의 접근과 동시에 표현의 형식을 통제함으로써 표현을 통제하는 것은 **장의 구조 자체**이지, 어떤 언어적 코드의 위반을 가려내고 억압하기 위해 고안된 **모종의 사법적 심급**이 아니다. 이러한 구조적 검열은, 상이한 종류의 표현들의 가격이 매겨지는 시장처럼 기능하는 장의 비준을 매개로 실행된다."(Pierre Bourdieu, *Language et Pouvoir symbolique*, Paris: Éditions du Seuil, 2001, p. 344. 강조는 인용자) ─ 옮긴이

간주될 수 있다. 다시 말해, 그 자체 장에서 점유하는 위치에 의해 규정되는 표현적 관심과, 담론이 생산되고 유통되는 틀이면서 또 검열로도 기능하는 장의 구조적 제약, 둘 사이의 거래 산물로 간주될 수 있다.[2] 완곡화euphémisation와 승화sublimation라는 의식적이면서도 무의식적인 노동은 가장 말하기 힘든 표현 충동을 특정 상태의 장의 검열 아래서 **말할 수 있는 것으로 만들기 위해** 필수적인데, 이 노동은 **형식 갖추기**mettre en forme와 **격식 설정**mettre des formes에 있다. 이 노동의 성공, 그리고 장의 검열이 실행되는 통로인 물질적이거나 상징적인 이윤의 기회 구조에서 이 노동이 획득할 수 있는 이윤들, 이것들은 생산자의 특수 자본, 즉 생산자의 권위와 특별한 능력에 달려 있다.

형식 갖추기 노동을 이루는 거래와 타협은, 물질적이거나 상징적인 비용과 이윤에 대한 합리적 계산이라는 의식적 목표의 산물일 수만은 없다. 오히려 가장 강력한 **수사적 효과들**은 두 가지 내재적 필연성 간의 만남의 산물인데, 의식은 이 만남을 완벽히 통제한 적이 없다. [두 가지 필연성이란] 장에서 점유한 위치를 어느 정도는 완벽하게 지키려는 성향을 지닌 하비투스의 필연성과 장의 상태에 내재하는 필연성을 말한다. 후자는 객관적 메커니즘을 통해 실천의 방향을 정해 준다. 가령 [장에서의] 위치와 그 위치 점유자의 성향을 조율하는 경향의 메커니즘이나, 또는 가장 숙련된 수사적 의도로도 드러나지 않는 불투명성과 다성적인 복합성을 어떤 담론에 부여하기에 알맞은 과잉결정의 효과나 완

---

2) 이 모델은 모든 종류의 담론에 대해서도 타당하다(P. Bourdieu, *Ce que parler veut dire*, Paris: Fayard, 1982 참조).

곡화의 효과를, 서로 다른 장의 상동을 기초로 거의 자동적으로 발생시키는 메커니즘을 통해서 말이다.

그러므로 문화적 생산물의 가장 특수한 속성은 그것을 생산한 사회적 조건, 더 정확히는 생산자가 생산장에서 점유하는 위치로부터 비롯한다. 생산자의 위치는 표현적 관심, 이 표현적 관심에 부과된 형식이나 검열의 힘, 이와 같은 제약의 한계 안에서 표현적 관심을 채우게 해 주는 능력, 이 모두를 서로 다른 매개를 통해 동시에 지휘한다. 표현적 관심과 장의 구조적 검열 사이의 변증법적 관계는 산출된 결과[3]에서 내용과 형식, 말해진 것과 이를 말하는 방식, 또는 이를 듣는 방식을 구별하지 못하게 한다. 형식 갖추기를 부과할 때, 장의 구조가 행사하는 검열은 형식 — 모든 형식주의적 분석은 이 형식을 사회적 결정 요인들에서 떼어 내려고 한다 — 을 결정하고, 이와 불가분적으로 내용도 결정한다. 내용은 형식에 맞는 표현과 분리될 수 없으며, 따라서 인정된 규범들과 합의된 형식들 바깥에서는 (진정한 의미에서) 사유 불가능하기 때문이다. 검열은 또한 수용의 형식도 결정한다. 철학적 담론을 형식들에 따라 생산한다는 것, 다시 말해 — 철학적 담론을 알아보게 하고 또 어떤 담론이 철학적이라고 인정하게끔 하는 — 기호들, 구문들, 어휘들, 참고자료 등을 갖춰 생산한다는 것,[4] 이는 격식에 맞는 수용을 요구하

---

3) opus operatum. 부르디외가 modus operandi(작용방식)과 대비하여 사용하는 표현. 이 둘은 부르디외 사회학의 중심 분석 대상인 '실천'의 두 측면을 나타낸다. opus operatum은 실천의 작용을 통해서 나온 결과를 말하며 modus operandi는 그러한 결과를 산출하는 방식을 뜻한다. — 옮긴이

4) [어떤 담론이 철학적이라고 인정받는 데에는] 저자에게 인정된 "철학자"라는 지위, 철학의 위계에서 저자의 위치를 알려 주는 표시나 표지 — 대학졸업장, 출판사, 아주 단순하게는 고유

는 생산물을 생산한다는 것, 다시 말해 격식에 따른 존중 속에서 이루어지는 수용, 또는 문학에서 흔히 보는 것처럼 **형식인 한에서의 수용**을 요구하는 생산물을 생산한다는 것이다. 이리하여 합법적 저작들은, 그것들이 부정하는 형태로만 표현하는 표현적 관심을 파악할 때 필수적인 폭력으로부터 그것들이 벗어나도록 해 주는 [또 다른] 폭력을 행사할 수 있다. 예술사, 문학사, 철학사는 공인된 저작들이 자기에게 알맞은 지각 규범을 부과하도록 하는 형식 갖추기 전략들의 실효성을 입증한다.

저작은 내용보다는 형식을 통해 특정 장과 관련을 맺는다. 하이데거가 다른 형식으로 말했다고 상상해 보라. 가령 1890년대 독일에서 통용되던 철학적 담론의 형식이나 오늘날 예일이나 하버드 대학에서 유행하고 있는 정치학 논문의 형식으로 말이다. 이는 곧 **불가능한** 어떤 하이데거를, 혹은 하이데거가 생산되던 시기의 독일에서는 그 못지않게 불가능했던 생산장을 상상하는 것이다. 형식은 상징적 생산이 그 생산의 사회적 조건에 가장 직접적으로 참여하게 되는 통로이면서, 또한 상징적 생산의 가장 구체적인 사회적 효과가 실행되는 통로이기도 하다. 엄밀한 의미에서의 상징적 폭력은, 오로지 그 자체로 오인된 형식, 즉 합법적이라고 인정된 형식을 통해서만 [능동적으로] 행사되거나 [수동

명──만큼 이바지하는 것은 없다. 이 효과를 느끼려면, 라인강의 오래된 다리와 수력 발전소에 대해 말하는 페이지를(M. Heidegger, *Essais et conférences*, Paris: Gallimard, 1973, pp. 21~22[국역: 『기술과 전향』]) 통상 어떻게 독해하는지 생각해 보는 것으로 충분하다. 한 주석가는(R. Schérer, *Heidegger*, Paris: Seghers, 1973. p. 5) 만일 이 페이지에 생태운동 지도자나 환경부 장관, 아니면 좌파 학생운동 지도자의 서명이 들어 있었다면, 그 저자는 '생태학적 투쟁의 첫 번째 이론가'라는 평가를 받을 것이라고 했다(물론 이러한 상이한 '귀속들'은 모종의 형식 변경을 동반할 때만 신뢰받을 수 있다는 점은 자명하다).

적으로] 받아들여진다.

전문가 단체(철학자 단체, 법조인 단체 등등)가 공통어를 체계적으로 변경시킴으로써 생산하고 재생산하는 전문어들과 학적 담론들은, 자율성의 외양 아래 타율성을 감춘다는 점에서 과학적 언어와 구별된다. 이것들은 일상 언어의 도움 없이는 제대로 기능할 수 없기에, 장에 따라 서로 다른, 또는 같은 장에서는 위치나 계기에 따라 서로 다른 절차들을 가동하면서 [일상어와의] **거짓 단절 전략**stratégies de fausse coupure을 통해 독립성의 가상을 생산해야만 한다. 일례로 전문어는 모든 과학 언어의 기본 속성인 체계에의 귀속을 통한 요소의 규정을 모방할 수 있다.[5] 일상 언어에서 차용된 하이데거의 고유 개념들도 형식 갖추기 노동을 통해 변모한다. 이 형식 갖추기 노동은 형태론적 동족어를 체계적으로 강조함으로써 이 개념들을 언어의 감각적 형태로 표출되는 관계망에 편입시키고, 그리하여 담론의 요소 각각이 기표이자 **동시에** 기의로서 다른 요소에 의존함을 시사해 주면서, 이 개념들을 원래의 일상적 용법에서 단절한다. 이런 식으로 Fürsorge(배려)와 같은 일상어는 동일한 어족에 속하는 일군의 낱말들, 가령 Sorge(염려), Sorgfalt(신중), Sorglosig-keit(무관심), sorgenvoll(염려하는), besorgt(고려된), Lebenssorge(삶의 염려), Selbstsorge(자기 염려)에 바로 그 형태를 통해 **감각적인** 방식으로

---

5) [낱말 'groupe'의 경우] 수학자들에게 낱말 'groupe'(군, #)은, 해당 구조를 고유하게 정의하면서도 이 구조의 여러 특성의 원리가 되는, 연산들 및 관계들로 온전히 정의된다. 이에 반해, 사전에 수록된 이 낱말의 특수 용법들 ─ 가령 회화에서 "어떤 예술 작품에서 유기적 통일체를 형성하는 다수의 인물"이나 경제학에서 "다양한 연결 관계로 통일된 회사들의 집합체"처럼 ─ 대다수는 일차적 의미에 대해 자율성이 아주 취약하며, 이 일차적 의미에 실천적으로 숙달되지 않은 사람은 이 용법들을 알아들을 수 없을 것이다.

결부된다.

앞서 인용했던 한 보고에서 가다머는, 내가 낱말들에는 '진정한 의미'가 있으며 Fürsorge라는 낱말의 경우 사회보장이라는 의미가 '유일하게 합법적인 의미'라 생각했다고 본다. 그러나 그는 [다음과 같은] 내 분석의 핵심을 놓치고 있다. 첫째, 낱말들, 더 확장하면 담론들은, 시장처럼 기능하는 장과의 화용론적 관계에서만 완벽히 규정된다는 사실, 무엇보다도 그것들의 의미와 가치는 이러한 관계에서 주어진다는 사실. 둘째, 여러 장과 여러 시장에서 동시에 말할 수 있는 하이데거의 특수 능력에서 비롯되는 그의 담론의 다의적 특징, 더 정확히는 **다성적** 특징을 놓치고 있는 것이다. 이런 실수는, 그의 스승 하이데거에게서 전면적으로 표현되는 전형적으로 문헌학적인 해석철학과 언어철학을 나의 것으로 간주하는 데서 비롯된다. [하이데거에 따르면] "**로고스**에 부여된 의미의 이후의 역사, 특히 후대의 철학에 의한 다수의 자의적인 해석들은 충분히 명백한 '말'discours이란 낱말의 진정한 의미를 끊임없이 은폐했다."(*L'Etre et le temps*, Paris: Gallimard, 1964, p. 49, 강조는 인용자) 실상 낱말들의 진정한 의미를 캐묻는 것은 오스틴의 비유를 따르자면 '카멜레온의 실제 색깔'을 물어보는 것만큼이나 소박한 질문이다(J. L. Austin, *Le langage de la perception*, Paris: A. Colin, 1971). 왜냐하면 용법들과 시장들이 다양한 만큼 의미도 다양하기 때문이다. 독해의 또 다른 오류는 분석된 저작에 자기 자신의 철학——이 경우, 플라톤과 아리스토텔레스까지 거슬러 올라갈 수 있을 수사에 대한 이를테면 피상적 정의——을 투사한다는 사실에서 비롯되는데, 이런 오류 때문에 가다머는 수사적 의도는 진리의 의도와

완전히 별개라고 말한다. 실상 [여기서도] 카멜레온 색깔의 문제와 다시 부딪친다. 학자의 상식에 따라 가다머는 수사학이란 계산되고 인위적이며 반성된 그 무엇이며, 따라서 자연적이고 자생적이며 일차적이고 원초적인 표현 양식에 대립한다는 생각을 암묵적으로 수용한다. 그러나 이는 표현 의도는 오로지 시장과의 관계에서만 완수된다는 점, 따라서 시장이 다양한 만큼 수사도 다양하다는 점을 망각한 것이다. 또한 언어의 일상 용법(우리가 '일상 언어'에 대해 말할 때, 우리는 언어철학자들이 그러하듯, 언어의 일상 용법이 지니는 예외적인 다양성을 파괴한다)은 의식적이거나 계산적이지도 않지만 놀라울 정도로 세련될 수 있는 수사의 장소라는 점을 망각한 것이다. 마찬가지로 이는 하이데거의 수사처럼 가장 세련된 학문적 수사도, 작동한 효과들에 대한 계산이나 완벽한 통제를 반드시 상정하지는 않는다는 점을 망각한 것이다.

현자들의 화법과 격언에서 아주 흔하게 나타나듯, 어원적 혹은 형태론적 동족성으로 인해 '가족 유사성'을 띠는 낱말들의 놀이는, 두 기의 사이에 필연적 관계가 성립된다는 느낌을 생산하는 여러 수단 중 하나, 그러나 아마도 가장 확실한 수단일 것이다. 형태의 유사성이나 소리의 유사성과 같은 준-물질적인 관계들을 만들어 내는 두운법이나 모음 압운을 통한 [낱말들의] 연합은 두 기의 사이에 숨겨진 관계들을 드러낼 수 있으며, 심지어 형태들의 놀이만으로 그러한 관계들을 생겨나게도 할 수 있다. 두 번째, 하이데거는 이러한 철학적 말놀이를 활용했는데, Denken = Danken, 즉 사유하다 = 감사하다 — 하이데거 추종자에게는 아주 실망스럽게도 번역되면서 이 말놀이의 마력은 사라진다 — 나,

Sorge als besorgende Fürsorge, 즉 "고려하는 배려로서 염려"라는 말장난의 연쇄가 그 전형적인 경우다. 이것들은, 만일 [낱말들의] 형태상의 암시와 어원적인 지시가 서로 얽혀 형식의 전체적인 정합성, 따라서 의미의 전체적인 정합성이라는 가상을 생산하지 않았던들, 또 이를 통해 담론의 필연성이라는 외양을 생산해 내지 않았던들, 그저 말장난에 그쳤을 것이다. 가령, "Die Entschlossenheit aber ist nur die in der Sorge gesorgte und als Sorge mögliche Eigentlichkeit dieser selbst"(하지만 결단이란 염려 속에서 염려되는, 그리고 염려로서 가능한, 염려 자신의 본래성일 뿐이다)와 같은 경우[6]가 그렇다.

모든 기표 사이에는 필연적인 연관이 있다는 느낌, 또한 기표와 기의의 관계가 오로지 철학적 개념 체계의 매개를 통해서만 성립한다는 느낌을 주기 위해, 언어의 잠재적 자원들 모두가 가동된다. 이때 철학적 개념 체계는 가령 (Entdeckung[발견]과 Entdecktheit[발견되어 있음][7]처럼) 일상어를 격조 있게 만든 '전문'어들, (Dasein[현존재]처럼) 전통적이지만 그것과는 거리가 있음을 표시하기 위해 약간 변경하여 사용한 전통어들, 부당하게도 사유되지 않았던 구별들을 조직해 내고 여하

---

6) M. Heidegger, *Sein und Zeit*, Tübingen: Niemeyer, 1963, pp. 300~301. 이후 하이데거는 그의 권위가 커지고, 모든 권위 있는 담론의 경계인 단호한 언어 편중(verbalisme)을 바라는 시장의 기대로 자기에게 이전보다 더 많은 권한이 주어졌다고 느끼면서, 이 방향으로 한층 매진한다. 하이데거는 이 기획에서 번역자, 특히 프랑스 번역자의 노동의 도움을 받았다. 이들 번역자는, 원어민 독자라면 그 진정한 지위를 더 잘 감식해 냈을, 평범한 것이나 손쉬운 발명품을 대개는 기형적인 개념으로 변형한다 ──이는 하이데거 저작이 독일과 프랑스에서 왜 다르게 수용되었는지를 설명해 준다.
7) 『존재와 시간』에서 이 낱말들은 현존재가 아닌 다른 존재자들의 열어 밝힘(개시함)과 열어 밝혀져 있음(개시됨)을 의미한다. ──옮긴이

튼 근본적 극복이라는 느낌을 주기 위해 만들어 낸 신조어들(가령, 'ex-istentiel'[실존적]과 'existential'[실존론적][8]이나 『존재와 시간』에서 어떤 실질적인 역할도 하지 않은 'zeitlich'[시간적]과 'temporal'[존재시적])로 제시된다.

형식 갖추기는 체계성이라는 가상을, 또 이런 식으로 작동한 일상 언어와의 단절을 통해서 체계의 자율성이라는 가상을 생산한다. 가령 'Fürsorge'[배려]라는 낱말은 형태론적으로도 유사하고 어원적으로도 가까운 낱말들의 망에 들어가고 이 낱말들을 거쳐 하이데거 어휘 목록에 들어감으로써, 'Sozialfürsorge'[사회보장]이라는 표현에서 아무런 애매함 없이 명료하게 전달되는 일상적 의미에서 벗어난다. 그 결과 변형되고 변모된 'Fürsorge'라는 낱말은 일상적 정체성을 상실하며 거기에 우회적 의미가 덧씌워진다(프랑스어 procuration의 어원적 의미는 이를 가깝게 번역한다[9]). 이러한 우회는 감추고 싶은 것을 가리기 위해 보여 줄

---

8) 알다시피, 하이데거에게서 '실존'은 시공간상에 있다는 것을 의미하지 않으며, 자신의 존재나 다른 존재자들의 존재를 문제 삼는 현존재 특유의 존재 방식을 가리킨다. 이러한 실존은 '실존적/실존론적' 차원으로 구별되는데, 이는 뒤의 주석 12)에 나올 '존재적/존재론적'의 구별에 대응한다. 현존재가 개별적이고 구체적인 태도를 취하거나 행위를 할 때 이는 '실존적' 차원이며, 이런 태도나 행위를 가능케 하는 존재론적 구조는 '실존론적' 차원이다. 그래서 현존재의 근본적인 존재 방식에 대한 분석을 '실존론적 분석론'(실상, 『존재와 시간』은 이를 수행하고 있다)이라고 하는데, 이는 이 분석이 현존재의 이러저러한 행동 방식을 분석(실존적 분석)하는 것이 아니라 그런 행동 방식을 가능케 하는 존재론적 구조를 명료하게 밝힘을 목적으로 함을 뜻한다. 실존주의자들은 이러한 '실존적/실존론적'의 차이를 주목하지 않았기 때문에, 하이데거 철학을 실존주의로 해석했다는 비판을 받았다. ─옮긴이

9) Fürsorge의 프랑스어 번역은 procuration이다. 위임이나 대리를 뜻하는 procuration은 어원적으로는 pro(대신하는, 지지하는)+curation(cure, 치료, 간호)으로 분석되며, pro는 für, curation(cure)은 sorge와 대응한다. 실제로 하이데거는 『존재와 시간』에서 sorge를 여신 Cura의 신화와 관련해서 제시하기도 한다. 부르디외는 이 점을 지적한 것 같다. ─옮긴이

수 있는 것에 이목을 집중시키는 마법사에게나 어울릴 법한데, 이러한 우회의 끝에 이르면, 칼 슈미트나 에른스트 윙거가 [하이데거보다] 덜 완곡한 언어로 비난했던 '복지국가' 내지 '보험국가'의 상징인 (사회적) 배려에 대한 사회적 환상이 합법적 담론에 거주하거나 유령처럼 따라다닐 수 있게 된다(Sorge[염려]와 Fürsorge[배려]는 시간성 이론의 핵심에 있다[10]). 물론 이 담론에 나타나지 않거나, 이 담론에 존재하지 않는 형태로 말이다.

　보통의 완곡화 작업은 어떤 낱말을 (대개는 그와 반대의 의미를 지닌) 다른 낱말로 대체함으로써, 혹은 [같은 낱말을 사용하더라도] (따옴표와 같은) 명시적 보호 장치를 사용하거나 독특한 정의를 내려서 일상적인 의미를 눈에 띄게 중화시킴으로써 이루어진다. 반면, 하이데거는 형태상 상호 연관된 낱말들의 망을 구축하고, 이 망의 내부에서 같으면서도 변모된 일상어가 새로운 정체성을 받아들이게 하는 식으로 완곡화를 진행한다. 이제 이 낱말은 다성적이고도 문헌학적인 독해를 호출하는데, 이 독해는 일상적 의미를 환기하면서도 동시에 기각하기에 알맞고, 공식적으로는 일상적 의미와 그 저열한 함의들을 통속적이면서 통속적으로 '인간학적인' 이해에 불과하다고 억압하면서도 여전히 그 의

---

10) 염려는 현존재의 존재로, 그 자체가 이미 시간적이다. 염려는 기획투사(기투), 내던져짐(피투), 고려라는 삼원적 구조의 통일성을 지칭하는데, 그 한 축인 '기획투사'(기투)는 '자기를-앞질러', 다른 한 축인 '내던져짐'(피투)은 '이미 세계-내에'를, 마지막으로 '고려'는 '세계 내부의 존재자들 곁에'를 뜻하며, 이는 각각 미래, 과거, 현재에 대응한다. 『존재와 시간』 2편은 이러한 염려를 시간성(물론 통속적 시간성이 아닌 근원적이고 탈자적인 시간성)에 입각해 해석하면서 염려, 즉 현존재의 존재의 의미가 시간성임을 밝힌다. ─옮긴이

미를 연상시키기에 알맞다.[11]

신화적 사유나 시적 사유와 마찬가지로 음성들 간의 현상적 관계가 의미들 간의 본질적 관계와 겹쳐질 때 희열을 느끼는 철학적 상상력은, 분류 형식이기도 한 언어 형식들을 가지고 놀이를 벌인다. 가령 「진리의 본질에 대해」Vom Wesen der Wahrheit에 나오는 '본질'Wesen과 '비-본질' 내지 '탈본질'Un-wesen의 대립은 —— 초상에 현전하면서도 부재하는 일종의 환영어인 —— 질서와 Un-wesen의 가능한 의미 중 하나인 무질서 간의, 환기되면서도 동시에 거부되는 은밀한 대립과 뒤섞인다. 이와 병행하는 대립들은 몇몇 '주요' 대립들을 불균등하게 완곡화한 변종들로서, 대체로 서로 환원 가능하다. 전회 이후의 하이데거 저작은 이런 대립들에 대해 헤아릴 수 없이 많은 사례를 제공하는데, 이 대립들은 금기시된 본래적 대립을 승화된 형식 아래, 더군다나 오인될수록 더 보편적으로 적용될 수 있는 형식 아래 긍정한다. (가령 '존재적'과 '존재론적'의 대립[12]처럼 말이다.) 그렇게 함으로써 이제 이 대립들은 상징적으로는 본래적 대립을 부

---

11) 아마도 누군가는 이러한 분석은 기껏해야 하이데거 자신이 —— 적어도 최근의 저서에서 —— 명백히 변호했던 하이데거 언어 사용법의 특성을 밝혀내는 것뿐이라고 반박할 것이다. 이후 밝혀지겠지만, 사실 이러한 거짓 고백은 후기 하이데거가 진력을 다했던 자기해석(selbstinterpretation)과 자기방어(selbstbehauptung) 노동의 일부다.

12) ontique/ontologique. '존재적'은 '존재자에 관한'이라는 뜻이며, '존재론적'은 '존재에 관한'이라는 뜻이다. 따라서 둘의 구별은 존재자와 존재의 구별, 즉 존재론적 차이와 관련되어 있다. 존재는 언제나 존재자의 존재이지만, 그 자체 존재자가 아니며 오히려 존재자를 존재자이게 해 주는 것, 존재자로 이해하게 해 주는 것이다. 하이데거는 서양 철학이 존재(의 의미)에 대한 물음을 신, 실체, 물질, 의지 등과 같은 존재자에 대한 물음으로 바꿔 놓았다고 비판하며, '존재적'과 '존재론적'을 구별하지 않은 이런 태도를 '존재 망각'이라고 부른다. —옮긴이

인하면서도 이를 존재에 새겨 넣음으로써 본래적 대립을 절대적인 것으로 구성해 낸다.

철학어 체계로의 편입은 일차적 의미의 부인을 작동한다. 일차적 의미는 금기시된 낱말이 일상어 체계에 준거할 때 가지게 되는 의미이며, 공식적으로는 외현적[13] 체계 바깥으로 추방되지만 계속해서 은밀히 실존한다. 부인은 담론의 각 요소가 지닌 이중 정보가 허용해 주는 이중 놀이의 원천이며, 이중 놀이는 항상 두 체계, 그러니까 철학적 방언의 외현적 체계와 일상어의 잠복한 체계에의 동시적 속함으로 정의된다. 또는 두 사회적 공간과 분리 불가능한 두 정신적 공간에의 준거로 정의된다. 물론 표현적 관심이 특정한 장에서 말해질 수 있는 것의 질서에 접근하려면, 혹은 말할 수 없거나 명명될 수 없는 것에서 벗어나려면, 표현적 관심은 반드시 변-형을 거쳐야 하지만, 이러한 변-형이 그저 한 낱말을 다른 낱말로, 검열된 낱말을 수용 가능한 낱말로 대체해 버리는 작업만은 아니다. 오히려 이와 같은 기초적 형태의 완곡화는 다른 완곡화를 숨기고 있는데, 후자의 완곡화는 소쉬르적인 대립에 따르자면, 억압된 요소를 그 '실체'는 변경하지 않고 그 가치를 변경하는 관계망에 편입하면서 이를 감추기 위해, 요소에 대한 관계의 우위, 실체에 대

---

13) 여기서 '외현적'(patent)이라는 용어나 뒤에 나올 '잠복한'(latent)이라는 용어는 부르디외가 프로이트의 용어를 차용한 것이다. 프로이트는 『꿈의 해석』에서 겉으로 드러난 꿈-내용을 외현적인 것으로, 억압된 꿈-사고를 잠복한 것으로, 이를 변형시키는 꿈-작업을 검열로 칭했다. 국내 프로이트 번역본에서는 이를 각각 '외현적', '잠재적'으로 번역하지만, 부르디외가 뒤에서 ⟨patent-latent⟩의 쌍을 ⟨patent-cachée⟩라는 쌍과 더불어 사용하기 때문에 여기서는 'latent'를 '잠복한'으로, 'cachée'를 '숨은'으로 옮긴다. ─옮긴이

한 형식의 우위라는 언어의 본질적 특성을 활용하는 데 있다. 그런데 형식 갖추기를 통한 감추기 효과는, 전문가가 체계성이라는 명시적 의도를 가지고 생산한 전문어들과 함께해서만 충만하게 실행된다. 형식을 통한 위장이 모두 그렇듯, 이 경우에도 금기시된 의미, 그러나 이론적으로 인정 가능한 의미들은 실천적으로는 여전히 오인된 채로 있다. 실체로서는 현전하지만, 마치 잎사귀에 가린 얼굴처럼 형식으로서는 부재하며 형식이 결여되어 있다. 표현은 그 원천에 있는 **사회적 세계에 대한 원초적 경험들과 사회적 환상들**을 드러내기도 하지만 가리기도 한다. 그리고 표현이 이것들을 말하지 않는다고 말하는 방식을 통해 말함으로써, 이것들이 말해지도록 허용해 주기도 한다. 표현은 자기 스스로 이것들을 진술하는 것으로 인정할 수 없기에, 이것들을 오인 가능한 형식 아래서만 진술할 수 있다. 일차적 실체는 어떤 개별 장의 명시적이거나 암묵적인 규범을 따르기에, 이를테면 형식으로 해소되어 버린다. 이러한 형식 갖추기는 변형이면서 동시에 실체 변화이다. 기의로서의 실체는 그 자신이 실현되는 기표로서의 형식이기 때문이다.

형식 갖추기는, **부인**을 그것이 부인하는 것으로, 다시 말해 부인의 원천에 있는 사회적 환상으로 환원하는 일을 정당하면서도 동시에 부당하게 만든다. 프로이트가 헤겔의 용어를 빌려 말하듯, 이러한 '억압의 **지양**Aufhebung'은 억압과 억압된 것을 모두 부정하면서도 보존하기 때문에 모든 이윤을 축적할 수 있게 한다. 말하는 방식에 의해 말해진 것을, 말하는 이유와 이를 반박하는 이유 모두를 말이다. 일례로 하이데거가 말하듯, 가장 엄밀한 내적 독해의 관점에서도 저작 전체의 구심점이라 할 수 있는 '현존재의 주요 양상'인 Eigentlichkeit, 즉 본래성과 Uneigentlichkeit, 즉 비본래성의 대립[14]은, '엘리트'와 '대중들' 간의 상식적 대립을 특수하게 그리고 특별히 미묘하게 재번역한 것이라 할 수 있다. 폭군적이며('세인의 독재') 호기심 많고('세인'은 모든 일에 다 참견한다) 하향 평준화하는 '세인', 'das Man', '일상인'은 책임에서 벗어나 자신의 자유를 다른 사람에게 떠맡긴다. 무책임하게도 남의 도움을 빌려 살아가는 구호 대상자인 세인은 사회나 '복지국가'에 자신을 의탁하며, 복지국가는 특별히 '사회보장'Sozialfürsorge을 통해 그를 염려하며 그를 대신하여 그의 미래를 염려한다. 수천 번 주석이 붙은 이 구절[15]을 따라, 여가-이자-학교인 스콜레[16]의 반정립인 아고라의 화젯거리topoi에서 자양분을 얻는 대학 귀족주의의 상투적 논의들을 모아 볼 필요가 있다. 첫

---

14) 하이데거는 Eigentlichkeit(본래성)과 Uneigentlichkeit(비본래성)의 어원을 'eigen'(자기의, 자신의, 소유의)에서 찾는다. 따라서 어원적으로 볼 때, '본래성'은 '자기를 얻음'을, 비본래성은 '자기를 잃음'을 의미한다. 이러한 본래성과 비본래성은 현존재의 실존 방식으로서(본래적 실존, 비본래적 실존), 『존재와 시간』의 중심 주제 중 하나이다. 우선 현존재를 그 일상성에서 분석하는 1편에서는 현존재의 비본래성이 분석되며, 2편에서는 현존재의 본래성이 중심적인 문제가 된다. 현존재의 비본래성은 크게 두 가지, 현존재가 사물에 몰입한다는 이유와 현존재가 세인의 독재에 예속되어 세인이 현존재의 실존 가능성을 빼앗아 간다는 이유 때문이다. 반면, 현존재의 본래성은 '세인'에게 완전히 흡수된 실존과 대비되어 현존재가 자신의 존재 가능성을 선택하고 가지는 것을 일컫는다. 불안-죽음-죄-양심-결단으로 이어지는 분석은 현존재의 본래성의 가능성을 보여 준다. ―옮긴이

15) Heidegger, *Sein und Zeit*, pp. 126~127(불역판 pp. 159~160).

16) scholè. school의 어원이기도 한 그리스어 '스콜레'는 원래 '여가' 혹은 '자유 시간'을 뜻한다. 부르디외에게 스콜레란 학적인 모든 장의 실존 조건으로, 경제적 이익에 대한 고려나 이해 관심으로부터 단절되어 보이는 학적 세계를 만들어 낸다. 또한 '스콜라적' 또는 '학적 관점'이라는 특수한 시각 역시도 만들어 낸다. 이러한 시각은 자신의 조건에 내재하는 특권을 망각하기에, 스스로를 공평한 관망자로 간주하게 된다(피에르 부르디외, 로익 바캉, 『성찰적 사회학으로의 초대: 부르디외 사유의 지평』, 이상길 옮김, 그린비, 2015, 505~506쪽; Christiane Chauvire and Olivier Fontaine, *Le Vocabulaire de Pierre Bourdieu*, Paris: Ellipses Éditions, 2003, pp. 65~66). ―옮긴이

째, 통계에 대한 혐오를 들 수 있다(바로 이것이 '평균인'이라는 주제다). 통계는 (이 구절에서 '현존재'라 명명된) '인격'과 그 진귀한 속성들인 '독창성'이나 '비밀'을 위협하는 '평준화' 조작의 상징이기 때문이다. 둘째, '평준화를 획책하는' 모든 세력에 대한 증오, 그리고 무엇보다도 평등주의 이데올로기에 대한 혐오를 들 수 있다. 이 이데올로기는 '노력의 대가로 획득된 것', 다시 말해 자수성가한 고급 관료들의 특수 자본인 문화를 위협하고, '대중들'의 '경박함'과 '안이함'을 부추기기 때문이다. 셋째, 철학자의 이단적인 적이라 할 수 있는 여론 메커니즘과 같은 사회적 메커니즘에 대한 격분을 들 수 있다. 이 격분은 여기서는 Öffentlichkeit 과 öffentlich,[17] 즉 '여론'과 '공공적'에 대한 놀이를 거쳐서, 그리고 '사회보장'이 상징하는 모든 것, 그러니까 민주주의, 정당, (숲속의 성찰과 스콜레의 독점권을 침해한) 유급 휴가, '대중문화', 텔레비전과 포켓용 플라톤 저작 등에 맞서서 돌아온다.[18] 나중에 하이데거는 모방하기 힘든 목가적인 문체로 이 모든 것을 한층 선명하게 표현할 텐데, 1935년 작성된 『형이상학 입문』에서 서구 문명에서 과학적-기술적 정신의 승리가 어떻게 "신으로부터의 도주, 땅의 파괴, 인간의 대중화, 범속한 것의

---

17) 여기서 부르디외는 Öffentlichkeit를 '여론'(opinion pubilique)으로 번역했지만, 이는 『존재와 시간』에서는 격차성, 평균성, 평준화로 이루어진 '세인'의 존재 방식을 가리키며 '공공성'으로 번역된다. ―옮긴이

18) 내가 이 책을 썼을 당시에는 "문학적 계획주의"라는 "기술" 지배의 이러한 측면을 다루는 "형이상학의 극복"(1936~1946)에 대한 논문의 다음 구절을 정확히 기억하지 못했다. "지극히 인간적인 물질에 대한 욕구는 준비를 통해 사용된다는 점에서, 심심풀이용의 책이나 시집에 대한 욕구와 동일한 규제를 받는다. 왜냐하면 그러한 책이나 시집을 제작하는 데, 시인은 창고에서 책을 묶는 데 필요한 표지를 가져와서 시들을 기획 총서의 한 권으로 펴내는 데 도움을 주는 제본업자의 도제보다 중요하지 않기 때문이다."(Heidegger, *Essais et conférences*, p. 110)

우선성"die Flucht der Götter, die Zerstörung der Erde, die Vermassung des Menschen, der Vorrang des Mittelmässigen[19]으로 이루어지고 완결되는지를 보여 주고자 할 때가 그렇다.

언어의 감각적 형식을 활용한 놀이는 고립된 낱말이 아니라 쌍을 이루는 용어들, 다시 말해 적대적인 용어들의 관계에 기대어 완성된다. 두운법이나 모음 압운에 기반한 소박한 철학적 말장난과는 달리, '주요한' 낱말들의 놀이, 다시 말해 심층에서 사유의 방향을 이끌고 조직하는 놀이는, 감각 형식들이자 동시에 분류 형식들인 한에서의 말의 형식들을 가지고 하는 놀이다. 이러한 총체적인 형식들은 서로 독립적인 소리의 필연성과 의미의 필연성을 이중적으로 필연적인 표현의 기적으로 화해시키는데, 이러한 형식들은 이미 정치적으로 정보가 주입된, 그러니까 일상 언어에 기록되고 보존되어 있는 객관적으로 정치적인 대립의 원리에 따라 정보가 주입된, 언어학적 자료의 변형된 형식이다. 모든 학문어가 [대립] 쌍을 통한 사유를 편애한다는 사실은 달리 설명되지 않는다. 이 경우 검열되고 억압되는 것은 고립된 상태의 금기어가 아니라, 항상 사회적 위치들 혹은 사회집단 간의 대립 관계를 지시하는 낱말들 간의 대립 관계다.

일상어는 시적 놀이나 철학적 놀이에 열려 있는, 또는 후기 하이데거나 그 계승자들에게서 볼 수 있는 것처럼, 니체가 말한 개념시Be-

---

19) 이러한 귀족주의를 보여 주는 다른 징후로는 전(前)-철학적인[철학적으로 반성하기 이전의] 실존을 수식하는 형용사들이 보이는 경멸적 어투를 들 수 있다. '비본래적', '통속적', '일상적', '공공적'과 같은 형용사가 그렇다.

griffsdichtung의 자유 연상에 열려 있는 감각 형식들의 무한한 보고만은 아니다. 일상어는 사회적 세계의 통각 형식들의 저수지, 집단 전체가 공유하는 사회적 세계관의 원리들(게르만적인/로마적인 내지 라틴적인, 평범한/뛰어난distingué 등등)이 침전된 상투어의 저수지이기도 하다. 사회적 세계의 구조는 오로지 분류 형식들을 통해서만 명명되고 파악되며, 이러한 분류 형식들은 일상 언어가 나르는 분류 형식들인 이상, 사회적 세계의 구조로부터 독립되어 있지 않다(이 형식들에 대한 모든 **형식주의적** 분석은 이 점을 망각한다). 실제로 ('통속적/고상한'[20]처럼) 가장 사회적으로 '강조된' 대립들조차 용법과 사용자에 따라 매우 상이한 의미작용을 수용할 수 있다고 해도, 계급 간의 역관계에 지배되는 사유의 축적된 노동의 생산물인 일상어는 말할 것도 없고, 하물며 지배자들의 이해 관심과 가치가 붙어 다니는 장의 생산물인 학적 언어조차 일종의 원초적 이데올로기, 즉 지배자의 가치와 이해 관심에 순응하는 용법들에 '아주 자연스럽게' 동참하는 이데올로기다.[21] 일상적 사유의 이분법이나 도식의 은유적 사용 덕분에 정치론은 존재론으로 전환한다. 그러나 이러한 형이상학을 발생시킨 은유는 가시적인 것에서 비가시적인 것으로 나아가는 대신, 담론의 잠복적인, 또한 아마도 무의식적인 내용에서 담론의 공표된 내용으로 나아간다. 이 은유는 하나의 공간에서 다른 공간으로

---

20) vulgaire/distingué. 이는 또한 '평범한/뛰어난'의 뜻도 가지고 있다. ―옮긴이
21) 하이데거가 이용한 것과는 다른 가능성들을 언어가 이데올로기적 놀이에 제공한다는 점은 명백하다. 가령, 지배적인 정치어는 다수의 고급 어법이나 (전문화된 장과 연결된) 전문 어법이 함축하는 애매함과 오해의 잠재성들을 이용하는 반면, 종교적 어법은 수용자의 다양한 지각 범주들과 연결된 다의성과 놀이를 하도록 둔다.

의 전이로서, 그 기능은 존재론적 차이 테제가 도입한 거짓 단절이 공식적으로 분리하고자 했던 두 공간을 다시 통합하는 것, 그 결과 근원적인 대립들이 **보존되고** 계속해서 담론을 은밀히 떠받치게 하는 것이다.

철학적으로 탁월한 정신들 사이에서는 고상한 것과 통속적인 것의 대립이 통속적으로 진술될 수 없다. 하이데거는 철학적인 구별에 대해 아주 예리한 감각을 지니고 있어, 그의 저작, 심지어 그의 정치 저술에서도 "소박하게" 정치적인 테제를 발견할 수 없다. 또한 하이데거가 가장 두드러진marqué 형태의 나치 이데올로기에서 벗어날se démarquer 의도가 있었음을 보여 주는 증거들은 무한정 많을 것이다.[22] '초급' 또는 '일차적'이라고 불릴 만한 대립은 이제 저작에서는, 완곡어법으로서 기능하는 철학소들의 고도로 검열된 질서에서만 마주칠 수 있다 —— 이러한 완곡어법은 체계가 부동의 진화를 함에 따라 끊임없이 변형되어 새로운 형태들, 그러나 언제나 고도로 승화된 형태들을 띠게 된다.

형식 갖추기는 그 자체로 경계하기mise en garde다. 형식 갖추기는 그 높이를 통해 일체의 규정들로부터, 특히 어떤 사유의 환원 불가능한 유일성을 논리적 유類의 획일성으로 환원하는 '무슨무슨 주의'의 개념들로부터 지극히 거리가 멂을 말해 준다. 마찬가지로 모든 인과적 결정, 특히 어떤 사상가의 대체 불가능한 독특성을 계급의 상투성으로 환원하는 사회적 결정으로부터 거리가 멂을 말해 준다. 이러한 거리, 이러한

---

22) 가령 생물학주의에 대한 논의를 생각해 보면 된다(M. Heidegger, *Nietzsche*, Paris: Gallimard, 1961. 특히 2권의 p. 247 참조). 그렇지만 이런 논의는 승화된 형태의 **생철학**의 체계에도 얼마든지 나타날 수 있다. (이러한 생철학은 역사적 창발로서의 존재에 관한 이론이라는 형태를 띠고 있으며, 베르그손의 창조적 진화처럼 부정 신학의 속성 없는 신에서 추동력을 얻는다.)

차이가 존재론적인 것과 존재적인 것(혹은 인간학적인 것) 간의 대립을 통해 철학 담론의 심장부에 명시적으로 구축되며, 이미 완곡화된 담론에 두 번째 —— 그렇지만 공략할 수 없는 —— 방어막을 제공한다. 다시 말해 이제부터 각각의 낱말은 지울 수 없는 **단절**의 흔적을 지니게 되는데, 이 단절은 본래적으로 존재론적인 의미를 일상적이고 통속적인 의미에서 분리하며, 그토록 자주 모방되었던 음성 놀이 중 하나(existentiell/ existential)를 통해 기표 실체에 새겨진다.

두 겹으로 이루어진 낱말들을 가지고 하는 이중 놀이는 '통속적' 독해이자 '통속적으로' '인간학적인' 독해를 경계하는 것으로 자연스럽게 이어진다. 이런 유의 독해는 부인되었지만 버림받지는 않은, 그리고 유령적 실존처럼 철학적 승화에 의해 부재하는 현전이 예정된 의미작용들을 백일하에 드러낼 것이기 때문이다. 하이데거에 따르면 "고려라는 명칭은 전前 학문적인 의미를 가지고 있어, 가령 무엇을 수행하다, 깨끗이 정리하다, 처리하다 등을 의미할 수 있다. 또한 어떤 것을 얻고자 기대하는 경우에도 고려라는 말을 사용한다. 마지막으로 이 표현은 '나는 이 시도가 실패하지 않을까 걱정한다'와 같은 특징적인 용법으로도 사용된다. 이 경우 고려하다는 두려워하다라는 의미를 갖는다. 이와 같은 전前학문적이며 존재적인 의미와 대립적으로, 현재의 작업에서는 '고려'를 가능한 세계-내-존재의 존재를 특징짓는 **존재론적 용어(실존범주)**로서 사용한다. 이 명칭이 선택된 이유는, 현존재가 우선 대개 경제적이며 실천적인 실재여서가 아니라, 현존재 자체의 존재가 염려Sorge로 밝혀져야 하기 때문이다. 이제 '염려'라는 용어도 **존재론적 구조**를 지시하는 개념으로 이해된다. 이 낱말은 **존재적으로** 모든 현존재에게서 발견되는 '고

달픔', '시름', '생활 근심'을 결코 암시하지 않는다."[23]

프랑스 독자들이, 하이데거가 미리 거부한 감춰진 의미를 이해할 기회가 거의 없는 ([하이데거 저작의] 번역들이 존재적인 것과 존재론적인 것의 단절을 내세워 이 기회들을 체계적으로 '제거하기' 때문에 더 그러한) 수용 조건에 있지 않았더라면, 이와 같은 경계하기 전략들을 의심해 볼 수 있었을지도 모른다. 실상, 체계적이기도 한 완곡화 전략의 생산물인 어떤 저작이 분석과 대립시키는 장애물 말고도, 이 경우엔 문화적 생산물의 수출에서 생기는 가장 해로운 효과들 가운데 하나도 더해진다. 즉 사회적 소속 또는 정치적 소속을 보여 주는 모든 미묘한 기호, 담론의 사회적인 비중과 그 저자의 지적 위치를 보여 주는 대개는 눈에 띄지 않는 모든 징표가 사라져 버린다는 것 말이다. 요컨대, 담론의 모든 무한소가 사라져 버린다는 것인데, 이러한 무한소의 첫 번째 희생자는 분명 원어민이지만, 만일 그들이 객관화의 기술을 갖추기만 한다면 그들은 이 무한소를 누구보다도 더 잘 파악할 수 있을 것이다. 가령 아도르노가 '만남'Begegnung, 교우와 같은 '실존적' 용어들이나 Auftrag(사명), Anliegen(간청) ——특별히 애매한 이 낱말은 행정 요구의 대상을 의미할 뿐만 아니라 절실한 욕망도 의미하며, 이미 릴케의 시에서 우회적으로 활용된 바 있다——과 같은 낱말들에서 발견한 '행정적' 의미를 생각해 보면 된다(Theodor Adorno, *Jargon der Eigentlichkeit, Zur deutschen Ideologie*, Francfort: Suhrkamp, 1964, pp. 66~70).

---

23) Heidegger, *Sein und Zeit*, pp. 56~57(불역판 pp. 78~79, 국역판 85쪽).

성聖과 속俗 간의 뚜렷한 단절의 부과 ──어떤 전문가 단체든 다른 사람들을 세속적인 것으로 구성하면서, 자기네가 어떤 지식이나 성스러운 실천의 독점자임을 확고히 하려고 내세우는 주장의 핵심에는 이것이 있다 ──는 이리하여 독창적인 모양새를 한다. 성과 속의 단절은 곳곳에 편재하면서, 각 낱말로 하여금 그 의미처럼 보이는 것이 그 의미가 아님을 의미하게 함으로써, 어떤 면에서는 각 낱말을 그 낱말 자신에 맞서 나눈다. 어휘집에 단순히 어원론적으로나 음성적으로 결부시키지 않을 경우, 따옴표를 통해서나 기표적 실체의 변화를 통해서 각 낱말에 '본래적 의미'와 '통속적' 또는 '소박한' 의미를 분리하는 거리를 새겨 넣음으로써 말이다.[24] 외현적 체계를 구성하는 수많은 관계의 감춰진 지지대로 기능하는 일차적 의미들을 실추시킴으로써, 이중 놀이를 이를테면 두 번째 차원으로 높일 가능성이 주어진다. 실상 일차적 의미들은 파문당했음에도 불구하고, 이 부인된 의미들은 여전히 철학적인 기능을 완수한다. 왜냐하면 이 의미들은 적어도 부정적 지시체 역할을 하며, '존재론적인 것'과 '존재적인 것'을 분리하는, 다시 말해 전문가와 속인 ──그 무교양이나 퇴폐 때문에, 속인만이 통속적인 의미를 잘못 환기하는 데 책임이 있다 ──을 분리하는 철학적인, 그리고 사회적인 거리는 이 지시체와 관련하여 표시된다. 누구나 사용하는 낱말을 달리 사용하는 것, 일상적인 용법의 타성으로는 포착되지 않는 미묘한 진리, 에

---

24) 사제적 예언의 맑스주의적 변종이, 과학과 이데올로기의 결정적인 경계를 한 번에 결정적으로 넘는 통과의례인 "인식론적 단절"을 오늘날 활용하는 방식도 같은 논리로 이해할 수 있다.

튀몬etumon[25]을 재활성화하는 것, 이는 낱말과의 올바른 관계를 문헌학적-철학적 연금술의 성공과 실패의 원리로 만드는 것이다. "만일 철두철미한 전문가가 아닌 연금술사가 어떤 실험에 실패했다면, 그 이유는 비단 그가 불순한 원소들을 사용했기 때문만은 아니며, 무엇보다 그가 이상적인 원소들의 덕을 사유한 게 아니라 이 불순한 원소들의 공통 속성을 가지고 사유했기 때문이다. 그렇기에 완벽하고 절대적인 이분화가 이루어지면, 우리는 이상을 충만히 경험하게 된다."[26] 언어도 마찬가지로 문헌학적-철학적 미묘함이 해방하는 미묘한 요소들을 지니고 있다. 예를 들어 명사이면서 동사적 형태이기도 한 희랍어 '온'on의 문법적 이중성이 그렇다. 이 때문에 하이데거는 "여기에 제시된 것은 얼추 보기엔 문법적인 미묘함인 듯 하지만, 그것이야말로 진정 존재의 수수께끼다"[27]라고 말하게 한다.

따라서 철학적 부인의 실효성에 기대어, 검열된 의미들을 소환하고, 이러한 **억압된 것의 귀환**이 촉발하는 외현적 체계와 숨은 체계 사이 관계의 완벽한 전복에서 어떤 보충적 효과를 끌어내는 데까지 갈 수 있다. 실제로 '본질적 사유'의 역량은 오히려 '사회보장'처럼 하찮을 정도로 우발적인 ── 또한 따옴표에 넣어 명명하지 않으면 안 될 정도로 사유에 어울리지 않은 ── 실재들의 존재를 정초할 자질에서 가장 잘 입증된다는 점을 어떻게 모를 수 있겠는가?[28] 사건이 '본질'의 예증에 지

25) etymology(어원학)의 어원으로, '기원에 따른 참된 의미'라는 뜻. ─옮긴이
26) G. Bachelard, *Le matérialisme rationnel*, Paris: PUF, 1963, p. 59.
27) M. Heidegger, *Chemins qui ne mènent nulle part*, Paris: Gallimard, 1962, p. 281.
28) '본질적 사유'의 전능성을 보여 주는 다른 사례, 그러나 희화화된 사례를 보기 위해서는 1951년

나지 않는 이 '전복된 세계'에서 토대는 자신이 토대를 제공하는 것을 통해 토대를 제공받는다.[29] "가령 사람들이 실제로 '사회보장'assistance social에 대해 말하듯, 배려assistance/Fürsorge는 공동-존재로서의 현존재의 존재론적 구성에 토대를 둔다. '사회보장'의 경험적 긴급성은 현존재가 대개 자주 배려를 결여하는 양상에 머물러 있다는 사실에 의해 추동된다."[30] 눈에 띄지만 보이지 않는, 아니 오히려 눈에 띄기 때문에 보이지 않는 지시는, **공식적으로는** 현존재의 존재론적 속성 ─ 배려에 대한 '경험적(즉 일상적, 통속적, 진부한) 욕구'는 기껏해야 이 속성의 사실적 표현에 불과하다 ─ 을 다루는 저작 전체에서 **사회보장이 끊임없이 언급되고 있다**는 사실을 은폐한다. "실제로는 크라쿠프에 가면서, 나로 하여금 네가 렘베르크에 간다고 믿게 하려고 크라쿠프에 간다고 거짓 말하는 이유가 뭐니?" 라캉이 이 이야기를 통해 그려 낸 도둑맞은 편지

의 강연 원고인 「짓기, 거주하기, 사유하기」(Bauen, Wohnen, Denken)를 읽어 보라(Heidegger, *Essais et conférences*, p. 193). 이 글에서 거주의 위기는 '거주'가 지닌 존재론적 의미의 위기로 "극복된다".

29) 전형적으로 "철학적인" 이 효과는 "문외한", 특히 정점이면서 "토대적인" 최종심의 위치를 철학에 부여하는 합법성의 사회적 위계를 인정하려고 하는 실증적 분과학문의 전문가와, "철학자" 간의 모든 만남에서 무한정 재생되는 경향이 있다. 이러한 교수적인 "수법"(coup)은 "교수들의" 관행에서 가장 잘 사용된다. 철학 텍스트는 비의적 전승(ésotérisation)의 산물이지만, 주석의 노동을 대가로 외부로 전해진다(exotérisé). 이러한 주석의 노동은 철학 텍스트의 비의성 때문에 불가결해지며, 그 효과는 (거짓) 단절과는 반대 절차를 통해 일차적 의미의 재활성화 ─ 이는 애초에 완곡화되고 비의화된 일차적 의미를, 애초의 거리를 유지할 목적의 보호 장치("이는 하나의 사례일 뿐이다")를 덧붙인 채로 사용하는 것이다 ─ 로 나아가는 (거짓) 구체화에서 가장 잘 나타난다.

30) Heidegger, *Sein und Zeit*, p. 121(불역판 p. 153, 국역판 177~178쪽). "예컨대, [현존재의] 현실적 사회제도로서 '배려'는 그 토대를 공동존재의 현존재의 존재 틀에 둔다. 그런 사회제도가 현실적으로 긴요한 동기는 현존재가, 우선 대개의 경우에는 배려를 갖지 않은 양상에 머물러 있다는 점이다."

패러다임에 대한 완벽한 예시는 완곡화된 담론에서 찾아볼 수 있는데, 이 담론은 그것이 진짜로 말하는 것을 공공연히 내세우면서 그것이 끊임없이 말한 것을 실상은 말하지 않았다고 믿게 만드는 경향이 있다. 실제로 [하이데거의 논의에 따를 때] 다음은 의심의 여지가 없다. 사회보장, Sozialfürsorge는 구호救護 대상자를 '위해' 그리고 '그들을 대신해' '배려하는' 것이며, 그들에게서 스스로에 대한 염려라는 짐을 덜어 주는 것이며, 그리하여 그들에게 태만함, '안이함', '경박함'을 정당화할 구실을 제공한다. 이는 사회보장의 숭고한 변종인 철학적 배려Fürsorge가 현존재를 염려Sorge에서 벗어나게 하는 것이거나, 혹은 사르트르가 1943년에 말했던 것처럼, 대자le Pour-soi를 자유로부터 해방해 '자기기만'이나 '비본래적' 실존의 '진지한 마음가짐'으로 던져 넣는 것과 같다. "따라서 '세인'(즉 타인의 배려에 매몰되어 있는 자)은 현존재로 하여금 그 일상성에서 **책임을 면하게** 한다. 그뿐만이 아니다. 그처럼 현존재를 그의 존재로부터 면하게 하면서, '세인'은 그를 경박함과 안이함으로 내모는 경향에 영합하게 한다. 이러한 영합 덕분에 '세인'은 그 완고한 지배를 보존하고 증진한다."[31]

텍스트에 **폭력**을 가하려는 여하한 시도도 무례하거나 무지하다고 금지하기 위해 모든 것이 가동된다. 그런데 정작 하이데거 자신이 칸트에게 이러한 폭력을 가할 때 그는 이 폭력만큼은 합법적이라고 인정하

---

31) *Ibid.*, pp. 127~128(불역판 p. 160, 국역판 186쪽. 강조는 인용자). 하이데거의 "철학적" 문제는 무한정 반복되는 소수의 효과들의 총합이기 때문에, 이 효과들 모두가 응축되어 있으면서 이 효과들이 담론에서 어떻게 실천적으로 분절되는지를 알기 위해서 단숨에 읽어야 하는, 같은 구절 ─ 배려에 대한 분석 ─ 에서 이 효과들을 파악하는 편이 나았다.

며, 이러한 폭력만이 "말을 넘어 그 말이 말하고자 하는 바를 파악하도록" 해 준다고 인정한다. 그렇지만 번역 불가능한 개인어idiolecte의 영감을 받은 번안을 거부하는 근원적인 사유에 대한 어떤 해명도, 위탁물 수호자 눈앞에서 미리 단죄된다.[32] 말하는 바를 결코 소박하게 말하지 않는 낱말들이, **말하고자 하는** 바를 말하는 유일한 방식, 혹은 마찬가지이지만, 항상 말하는 바를 말하면서도 소박하게는 말하지 않는 유일한 방식은, 환원 불가능한 것을 환원하고 번역 불가능한 것을 번역하며, 낱말들이 말하고자 하는 바를 소박한 형식으로 ── 낱말들의 일차적 기능은 바로 이를 부정하는 것이다 ── 말하는 데 있다. '본래성'은 사회 '엘리트'만의 배타적 속성을 소박하게 가리키지 않으며, 그것은 ── '비본래성'과 마찬가지로 ── 보편적인 가능성, 그러나 실상은 본래성을 전유하는 자들에게만 속하는 가능성을 가리킨다. 본래성을 그 자체로 파악함으로써, 원죄의 일종인 ── 따라서 몇몇 사람들의 개종 때문에 이제 그 스스로 책임을 져야 하는 과오로 바뀐 ── '비본래성'에서 '빠져나올' 수 있게 됨으로써, 본래성을 전유하는 자들에게 말이다. 윙거는 이를 매우 명확하게 말하고 있다. "고유의 운명을 갖든지 아니면 하나의 수數처럼 취급받든지, 이는 오늘날 각자가 해결해야 할, 그러나 [오로지] **혼자서만**

---

32) 궁극적으로는 이처럼 번역 불가능한 고유어(hapax)가 아닌 낱말은 없다. 가령 "형이상학적"이라는 낱말이 하이데거 철학에서 가지는 의미는 칸트 철학에서의 의미와 다르며, 후기 하이데거 철학에서 그 낱말의 의미는 전기 하이데거 철학에서의 의미와도 다르다. 이에 대해, 하이데거는 단지 언어의 철학적 사용의 본질적 속성을 극한까지 밀어붙였을 뿐이다. 철학어는 부분적으로 교차하는 개인어의 집적으로서, 각 낱말이 발화자가 부여하고자 하는 의미를 가지게 되는 개인어에, 이 낱말을 준거시킬 수 있는 능력을 갖춘 발화자만이 철학어를 적합하게 활용할 수 있다.

끝낼 수 있는 딜레마다…. 우리가 말하려 하는 것은 신의 손아귀에서 벗어난 자유로운 인간이다. 자유로운 인간은 예외적 존재가 아니며 엘리트를 표상하는 것도 아니다. 결코 그렇지 않다. 왜냐하면 그는 모든 인간 안에 숨어 있으며, 차이는 다만 선물로 받은 이러한 자유를 현실화시킬 수 있는 정도에만 있기 때문이다."[33] 인간은 자유에 있어서는 평등하지만, 각자의 자유를 본래적으로 사용할 수 있는 능력에 있어서는 불평등하다. 보편적으로 주어진 '엘리트'의 자유로 접근할 가능성을 전유할 수 있는 자만이 엘리트다. 이와 같은 윤리적 주의주의 ― 이후에 사르트르는 이를 극한까지 밀고 나간다 ― 는 사회적 운명들의 객관적 이원성을 실존과 맺는 관계들의 이원성으로 전환시킨다. 그리고 본래적 실존은 일상적인 실존을 일상적으로 파악하는 태도의 '실존적 변양'으로, 명확히 하자면 사유에서의 혁명으로 간주된다.[34] 따라서 두 가지 선택지가 있는 셈이다. 하나는 비본래성을 파악함으로써 본래성이 시작되게 하는 것이다. 즉 불안 속에서 현존재가 자신의 결단 ― 이는 (키르케고르적인) 미지의 것으로의 '도약'과 같다[35] ― 을 통해 세계 내에 질서를 기획투사하는 자로서 탈은폐되는 바로 그 진리의 순간에 본래성이 시작되게 하는 것이다. 아니면 이와 반대로, 인간이 도구 상태로 환원되는

---

33) E. Jünger, *Sur l'homme et le temps*, t. 1, *Traité du rebelle(Der Waldgang)*, Monaco: Editions du Rocher, 1957~1958, pp. 47~48(p. 66에는 하이데거에 대한 암묵적이기는 하지만 확고한 언급이 나와 있다).

34) "본래적 각자성은 '세인'의 지배로부터 해방된 주체에게 도래하는 어떤 예외적인 상황에 의존하지 않는다. 본래적 각자성은 '세인'의 실존적 변양일 수밖에 없으며, 이는 본질적 실존범주로 정의된다."(Heidegger, *Sein und Zeit*, p. 130, 179([불역판 p. 163, 220])

35) *Ibid.*, pp. 295~301, 305~310.

것을 "일상적 실존을 파악하는", 즉 '세인'의 실존을 파악하는 또 다른 '방식'으로 기술하는 것이다. 세인은 스스로를 하나의 도구로 간주하면서, 스스로가 도구적인 한에서 도구들에 대해 '마음 쓰면서', 그 스스로 도구가 되고, 도구가 다른 도구에 맞춰지듯 타인들에 적응하고, 타인들도 똑같이 수행할 수 있을 만한 기능을 수행하며, 그리하여 어떤 집합에 소속된 호환 가능한 원소의 상태로 환원되며, 도구가 기능을 수행함으로써 마모되어 가듯 자기 자신을 망각한다. 이 모든 것은 사회적 조건의 객관적 이원성 — 분명 사회적 조건이 매우 불평등하게 조장하는 — 을 실존 양식의 이원성으로 환원함을 뜻한다. 동시에 그것은 '본래적' 실존으로 접근하는 자와 '비본래적' 실존에 '빠져 있는' 자 모두가 그들의 자신 존재에 책임이 있다고 간주함을 뜻한다. 전자는 '결단',[36] 즉 그들에게 가능성을 개시하기 위해 그들을 일상적 실존에서 벗어나게 하는 그러한 '결단' 때문에, 후자는 '회피', 즉 그들을 '퇴락'에, '사회보장'으로 이끄는 그러한 '회피' 때문에 책임이 있는 것이다.

---

36) *Ibid.*, pp. 332~333, 337~388, 412~413.

5장 · 내적 독해와 격식 존중

문체나 화법의 '고결함'은 철학 담론을 장식하는 부수적 속성이 아니다. 담론은 문체나 화법의 고결함을 통해 권위 있는 담론으로 고지되며, 권위 있는 담론은 그것이 알맞기[1] 때문에 (저자와 시대에 따라 논리적으로나 윤리적으로 지배적인) 이론적 대가임을 보증해 주는 단체로부터 권위를 부여받은 담론이다. 일상적인 말하기처럼 학식 있는 담론에서도 문체/화법은 위계화되면서 위계화한다. 사상가에게는, 더욱이 그가 높은 등급의 사상가라면, 고급 언어가 알맞다. 그래서 1933년 연설[2]의 '문체 없는 파토스'는 철학적 품격에, 다시 말해 철학자들의 품격에 대한 감각이 있는 이들의 눈에 아주 이상하게 보였다. 『존재와 시간』의 철학적으

---

1) conformité. 어원적으로 보면 '형식에 합치', '형식에 맞음'을 뜻한다. —옮긴이
2) 하이데거의 프라이부르크 대학 총장 취임 연설인 「독일 대학의 자기주장」을 말한다. —옮긴이

로 문체를 갖춘 파토스를 철학적 사건으로 반겼던 이들에게는 말이다.[3]

　문체나 화법의 '고결함'은 한 담론이 지닌 등급과 그 등급에 마땅한 존경을 일깨워 준다. 가령 우리는 "거주의 진정한 위기는 죽을 자들 可死者이 늘 거주의 존재를 추구한다는 점, 그리고 그들은 우선 거주함을 배워야 한다는 점에 있다"[4]와 같은 구절을 "주거 위기가 심각해진다"와 같은 일상 언어의 화제나, "1865년 115 마르크였던 베를린 하우스포크 타이플라츠 상가지구의 평당 지가가 1880년에는 344 마르크로 올랐고 1895년에는 990 마르크로 올랐다"[5]와 같은 과학 언어의 명제처럼 다루지 않는다. 철학적 담론은 **형식을 갖춘** 담론으로서, 그 자신에 대한 고유한 지각 규범을 부과한다. 형식 갖추기는 문외한과 적당한 거리를 유지하면서 텍스트를 — 하이데거 말처럼 — '진부화'trivialisation로부터 보호한다. 독해를 텍스트 자체의 경계 내로 가두고, 이와 불가분하게 독해에 대한 '내재주의적' 정의를 자명하게 받아들이는 폐쇄적인 독해 전문가 집단에게만 독해를 맡긴다는 이중적인 의미에서의 **내적 독해를** 할 수밖에 없도록 만듦으로써 말이다. 철학 텍스트가 (사실상) '철학자들'에 의해서만, 그러니까 일찍이 개종해서 철학 담론을 인지/인정할 준비가 되어 있으면서 이 담론이 요구하는 대로 읽을 준비가 되어 있는 독자들에게만 읽힐 수 있는 것으로 정의된다는 점을 보기 위해서는 사회적 관

3) J. Habermas, "Penser avec Heidegger conter Heidegger", *Profils philosophiques et politiques*, pp. 90~100

4) M. Heidegger, *Essais et conférences*, Paris: Gallimard, 1973, p. 193.

5) M. Halbwachs, *Classes socials et morphologie*, Paris: Ed. de Minuit, 1972, p. 178. 이런 문장은 스스로를 존중하는 철학적 담론 일체로부터 미리 배제된다는 점은 자명하다. '이론적인 것'과 '경험적인 것'의 구별 감각은 실상 철학적 구별 감각의 기초적인 차원이기 때문이다.

례를 물어보는 것으로 충분하다. 여기서 철학 담론이 요구하는 대로 읽을 준비가 되어 있다는 것은 '철학적으로', 즉 자기 정초를 한다는 점에서 외부가 없는 담론 그 자체 말고는 어떤 다른 것도 참조하지 않으면서, 순수하게 철학적인 그리고 순수한 의도에 따라 읽을 준비가 되어 있다는 것이다.

집단적 오인은 어떤 담론의 가치에 대한 신념을 정초하는데, 이러한 집단적 오인의 제도화된 원환圓環은 이 담론을 생산하고 유통하는 장의 구조가 다음과 같을 경우에만 성립한다. i) 이 담론이 말하는 바를, 그것을 말하지 않음을 보여 주는 경향이 있는 형식에서만 가동하는 부인이, 이 담론이 부인하는 내용을 재-오인re-méconnaître할 수 있는 해석자들과 만날 경우. ii) 형식이 부정하는 바가 재-오인될 경우, 다시 말해 해당 담론이 스스로 부정함으로써 완수하는 형식에서, 오로지 그러한 형식에서만 인식되고 인정될 경우. 요컨대, 형식을 갖춘 담론은 최초의 부인을 부정함으로써 자신이 부정하는 것을 탈-은폐하는 대신 최초의 부인을 알아보고 재생산하는 형식적(또는 형식주의적) 독해를 호출한다. 오인으로서 재-오인을 호출하는 모든 이데올로기적 담론은 상징적 폭력[6]을 은닉하고 있는데, 이러한 상징적 폭력은 담론의 수신자들이 이 담론이 요구하는 대로, 다시 말해 이 담론이 형식인 한에서 정식으로 받아 마땅

---

6) la violence symbolique. 어떤 사회의 지배 관계나 불평등이 지속되는 이유를 설명해 주는 요인 중 하나. 상징적 폭력은 의미의 영역에서 일어나고 피지배 집단의 무지와 오인을 통해 행사되는데, 이 폭력의 결과 피지배 집단은 자신의 상황을 자연스럽고 불가피하다고 믿게 된다(피에르 부르디외, 로익 바캉, 『성찰적 사회학으로의 초대: 부르디외 사유의 지평』, 이상길 옮김, 그린비, 2015, 497~499쪽). 이 맥락에서는 어떤 담론의 주석가나 독자가 이 담론을 권위 있다고 받아들이게 되는 이유로 제시된다. ―옮긴이

한 존경을 품은 채 해당 담론을 다루도록 하는 데 성공하는 한에서만 실행된다. 이데올로기적 생산은 그 자신을 객관적 진리로 **환원하려는** 시도에 **잘못을 떠넘길** 능력을 더 많이 갖추고 있을수록 더 성공적이다. 담론의 숨겨진 진리에 대한 진술은 "결코 말해선 안 될" 것을 말한다는 점에서 추문을 낳기 때문이다.

하이데거가 자기 저작에 대한 외적이거나 환원주의적인 독해 모두를 얼마나 격렬하게 거부하고 반박하는지는 잘 알려져 있다(장 발이나 장 보프레[7], 한 학생, 그리고 리처드슨에게 보낸 편지들, 일본 철학자와의 대담 등을 참조하라). 주목할 만한 일은 그런 하이데거가 정작 자기 경쟁자들(가령 개별적으로는 사르트르)에 대해서는 '조야한 사회학주의적' 논변을 주저하지 않고 사용한다는 점이다. 그런 식으로 그는 자기변호가 필요할 때는 '공중의 독재'라는 주제에다, 『존재와 시간』에 분명 나와 있었던 고유한 사회적인(사회학적이지 않다고 해도) 의미를 복원시킨다. 단, 거기서 이는, 비록 '세인'에 대한 '실존론적 분석'이 "사회학에의 기여를 목적으로 삼는다 해도, 이는 단지 지나가면서일 뿐"(p. 41)임을 명시하는 구절에서 사용되고 있지만 말이다. 이처럼 하이데거II가 하이데거I[8]을 재활용한다

---

7) 장 보프레(1907~1982). 레지스탕스였던 그는 전후 대학 강의가 금지된 하이데거를 만나고(「휴머니즘 서간」은 하이데거가 그에게 쓴 글) 자기 제자들과의 세미나를 주선하는 등 프랑스 철학계에서의 하이데거 철학의 확산에 큰 영향을 끼쳤다. 이 책의 표현을 빌리자면, '존재의 사제'인 하이데거를 미국에 전파한 '보좌 사제'가 리처드슨이라면, 프랑스에서는 장 보프레였다. ─옮긴이

8) 이는 하이데거의 영미권 보조 사제라 할 수 있는 W. J. 리처드슨이 자신의 책 『하이데거: 현상학에서 사유로』(*Heidegger: Through Phenomenology to Thought*, La Haye: Martinus Nijhoff, 1963)에서 제시했던 구별로, '전회'를 기점으로 한 '전기 하이데거' 대 '후기 하이데거'의 구별

는 사실은 (그리고 위에서 인용한 구절의 '단지' 역시) 하이데거Ⅱ가 하이데거Ⅰ을 결코 포기하지 않음을 증명해 준다.

제아무리 세련된 상징 전략도 자신의 성공 조건을 완벽히 생산하지는 못하며, 환원적인 독해에 대한 최초의 비난을 증폭하면서 대대적으로 조직해 낼 정통 수호자 단체의 결탁을 기대할 수 없다면 해당 전략은 실패할 수밖에 없을 것이다.[9] 「휴머니즘 서간」은 외현적 체계와 잠복한 체계 사이의 관계를 전략적으로 조작하고 그럼으로써 업적의 공적 이미지를 조작하려고 하는 개입들 모두에서 가장 주목받고 자주 인용되는 글인데, 이 점에서 이 글은 사제의 편지 같은 역할을 했다. 즉 **존재의 보좌 사제**들이 대가大家의 경계하기 각각에 새겨진 거리두기를 나름대로 재생산하고, 그리하여 전문가와 문외한 간의 전선에서 좋은 편에 위치하도록 해 주는 주석들의 무한한 모태 역할을 했다는 말이다. 그렇지만 점점 커지는 원환, 자가-해석, 영감을 받은 주석, 학위 논문, 입문서, 마지막으로는 교재를 통해, 담론이 점점 더 많이 퍼져 나가면서, 또한 해석자들의 위계가 내려가고 번안의 수준이 낮아지면서, 공개적인

과 같다. ─옮긴이

9) 정통의 언어를 수입한 자는 사회학자가 아니다. "「휴머니즘 서간」의 수신인[장 보프레]은 하이데거의 심오한 직관과 자신의 비상한 언어적 재능을 결합한다. 이런 성질들 덕분에 그는 프랑스에서 하이데거 해석의 최고 권위자가 되었다."(Richardson, *Heidegger: Through Phenomenology to Thought*, p. 684. 장 보프레가 쓴 한 원고에 대해). 혹은 "공감으로 가득 찬 [알베르 동데인(Albert Dondeyne)의] 이 연구는 존재론적 차이야말로 하이데거가 쏟은 모든 노력의 유일무이한 기준점이라는 생각을 웅장하게 펼쳐 낸다. 그러나 **엄격한 계율을 따르는 하이데거주의자**들은, 하이데거가 "영원 **철학**(philosophia perennis)의 위대한 전통"과 맺는 관계에 대한 [이 저자의] 정식에 분명 만족스러워하지 않을 것이다."(*Ibid.*, 강조는 인용자)

담론은 그 자신의 진리로 되돌아가는 경향을 띤다. 유출론 철학에서처럼 이러한 확산에는 실체의 상실까지는 아니더라도 가치의 상실이 동반되며, '진부화'되고 '통속화'된 담론에는 강등의 표시가 찍히는데, 이는 애초의 담론 또는 원래 담론의 가치를 드높이는 데 일조한다.

"철학은 그 목표가 당대에 곧바로 공명을 일으킬 수 없고 도무지 그런 권리도 없는 드문 사태에 속하기에, 그것은 **본질적으로** 비현실적이다."[10] 혹은 "당대인들에 의해 반드시 오인될 수밖에 없다는 것은 본래적인 철학자의 본질에 속한다".[11] 하이데거가 이렇게 주장하기만 해도, 주석가들은 이를 받아 곧장 다음과 같이 이어 간다. "철학적 사유가 어느 정도 확고함과 엄밀함을 넘어서면서 당대인들을 시험할 때, 이들이 이것을 잘못 이해한다는 것은 모든 철학적 사유의 운명이다. 늘 진리의 문제에만 전념하려는 철학을 비장미의 사도, 니힐리즘의 주창자, 논리학 및 과학의 적으로 분류하는 것, 이것이야말로 가장 야릇한 왜곡 중 하나이며 그 죄는 바로 한 시대의 경박함에 물어야 한다."[12] "그의 사유는 우리 시대에는 낯선, 그리고 현실적인 모든 것에 낯선 무언가로 나타난다."[13]

---

10) M. Heidegger, *Introduction à la métaphysique*, Paris: Gallimard, 1967, p. 15.
11) M. Heidegger, *Nietzshe*, I, Paris: Gallimard, 1983, p. 213. 이 책 어딘가에서 하이데거는 말한다. 저작은 "누구에게도 속하지 않는 무언가에게 이름을 부여하는 것" 외에는 아무것도 할 수 없는 "전기(傳記)를 벗어난다"고 말이다.
12) J. Beaufret, *Introduction aux philosophies de l'existence: de Kierkegaard à Heidegger*, Paris: Denoël-Gonthier, 1971, pp. 111~112.
13) O. Pöggeler, *La pensée de M. Heidegger*, Paris: Aubier-Montaigne, 1967, p. 18.

위대한 해석가의 저작과 이 저작이 **호출하는** 해석 간의 관계 혹은 과잉-해석 간의 관계, 또는 악의적이거나 유감스러운 해석을 바로잡거나 예방하고 순응적인 해석을 정당화하려는 여러 자가-해석들 상호 간의 관계는, 뒤샹 이후 예술가와 해석가 단체 사이의 관계와 아주 흡사하다. 유머 감각을 **빼놓으면** 말이다. 두 경우 모두 생산은 해석을 앞질러 선취하여 은닉하고 있으며, 해석가와의 일종의 이중 놀이를 통해 과잉-해석을 끌어낸다. 저작에 대한 완전한 해석의 본질적인 불가능성 ── 이는 비판의 권력이나 자기비판의 권력으로도 자처하는 창조자 권력의 초월성 효과를 통해 해석들 모두를 무차별적으로 수용하거나 거부하는 경향을 보일 수 있다[14] ── 의 이름으로 이 과잉-해석 역시 논박될 가능성도 남겨 두면서 말이다. 어쨌든 철학적 기성품 중에서, 그러니까 해석되기 위해 **만들어지고** 해석에 의해 **만들어진** 작품들, 더 정확히는 필연적으로 **과잉되게** 나아가는 해석자와, 반박·가필·정정을 통해 작품과 해석 사이에 넘을 수 없는 간극을 유지하는 생산자의 상호작용으로 만들어진 작품 중에서도, 하이데거의 철학은 최초이자 최고로 완성된 것이라고 할 수 있을 것이다.[15]

이 유비는 첫인상과는 달리 그다지 인위적이지는 않다. 하이데거

---

14) 이러한 관점에서 마르셀 뒤샹의 인터뷰(1970년 10월 3일 출판된 VH 101호, pp. 55~61)를 「휴머니즘 서간」과, 이와 더불어 여기에 등장하는 수없이 많은 반박과 경계하기, 해석자들과의 교활한 놀이 등과 비교해 볼 수도 있을 것이다.

15) 완전한 해석의 **불가능성**(inexaustibilité)의 조건인 공개에 대한 염려도 출판 전략에서 아주 잘 드러난다. 알다시피, 하이데거는 자신의 강의들을 주저하면서 아주 적은 양을 시간 간격을 두고 출판했다. 결정적인 사상은 전달하지 않으려는 이러한 염려[마음 씀]는, 1927년 『존재와 시간』이 미완인 채로 단편으로 출판되고 난 이래, 그가 공동 작업을 하고 텍스트에 부수적인 주석을 단 그의 전집이 출판되기까지 끝난 적이 없다.

는 자기의 사유를 그 이전의 사유들과 분리하는[16] '존재론적 차이'의 의미가, 본래적인 해석을 '통속적'이며 존재론-이하의 소박한 '인간학적' 해석(하이데거에 따르면 사르트르는 이러한 해석의 표본이다)과 분리하는 것이기도 하다는 점을 확립한다. 그렇게 함으로써 하이데거는 자기 저작을 붙잡을 수 없는 곳에 놓으며, 의도적으로든 아니든 [자기 저작의] 통속적인 의미에만 머무르는 독해, 또한 좋은 의도를 가졌으나 잘못 영감을 받은 일군의 해석자나 아예 다른 의도를 지닌 사회학자들이 그렇게 한 것처럼, 가령 '비본래적' 실존에 대한 분석을 '사회학적' 기술記述로 환원시켜 버리는 독해를 미리 단죄한다. 저작 안에 그에 대한 두 가지 독해의 구별을 설정하는 것은 순응적인 독자를 얻는 수단인데, 순응적인 독자는 [저작에서] 극히 껄끄러운 신소리나 뻔한 말을 발견할 경우 자신이 지나치게 잘 이해했을 뿐인데도 자기 이해의 본래성을 의심하며, 확고하게 정립된 저작을 자신의 이해 척도로 판단하기를 거부하면서 자기도 모르게 결국 대가의 경계하기로 돌아간다.

말 나온 김에, 대가의 말놀이가 미리 단죄한 단순화를 피하려고 해석가들의 국제연합이 축적해 놓은 자원들 전부를 동원하는, 해석의 과당 경쟁을 보여 주는 주목할 만한 사례 하나를 말해 두자. "영어에서 이 용어[errance, 방랑]는 다음과 같은 보증을 수반하는 장치이다. 라틴어 *errare*의 일차적 의미는 '유랑하다'이며, 두 번째 의미는 '올바른 길에서 벗어나 헤매다'

---

16) 이러한 '거만함'은 그 자체 「휴머니즘 서간」(p. 95)에서 부인된다고 반박할지 모르나, 이는 조금 뒤에서 다시 긍정된다(p. 111).

라는 뜻에서 '길을 잃다' 혹은 '오류를 범하다'이다. 이 두 가지 의미는 프랑 스어 errer에도 담겨 있다. 영어에서 이 두 가지 의미는 형용사 형태 '*errant*'에 담겨 있는데, 첫 번째 의미('유랑하다')는 모험을 찾아 헤매는 사람을 기술 하는 데 사용되며(가령, '유랑하는 기사'), 두 번째 의미는 '참되거나 옳은 것으로부터 일탈하다', '오류를 범하다'를 뜻한다. 명사 형태인 '*errance*'는 영어 의 일상 용법에서는 사용되지 않지만, '방랑'과 '죄를 범함'이라는 두 가지 뉘 앙스를 암시하려는 의도로 우리 자신이 도입한 것이다. 물론 전자는 후자의 토대이다. 이는 저자의 의도에 충실한 것으로 보이며, '*error*'로 번역할 때 즉 각적으로 떠오르는 극히 단순한 해석을 가능한 한 피할 수 있는 것으로 보 인다."(Richardson, *Heidegger: Through Phenomenology to Thought*, n. 29, p. 224, 강조는 인용자. 또 p. 410에 있는 poesy와 poetry의 구별도 참조하라.)

텍스트는 담보물, 권위, 보증인으로서, 당연히 전략들의 내깃거리 가 된다. 이 전략들은 이 영역들에서는 그 자체로서는 감춰질 때만, 무 엇보다도—이것이 신념의 기능인데—저자 자신의 눈에 보이지 않을 때 만 효력을 발한다. 그리고 텍스트에 부착된 상징 자본에 참여하는 데에 는 대가가 따른다. 저작과 해석가 사이의 객관적 거리에 따라 둘 사이 의 관계 양식을 그때그때 정해 주는 관습들을 존중해야 하는 것이다. 그 러므로 각각의 개별적인 경우마다 해석자, 발견자, 매력적인 대변자, 영 감을 받은 주석가, 또는 단순한 보습 교사의 특수 이익들이 무엇인지 를, 해당 순간 해석된 저작과 해석자가 그것들 각자의 위계에서 점유하 는 상대적 위치에 따라 더 완벽하게 분석해야 할 것이다. 또한 이것들이 어떤 점에서, 어떻게 해석의 방향을 정하는지도 규정할 필요가 있을 것이다. 그래서 마르쿠제[17]와 호베르트[18]를 선조로 하는 프랑스의 하이데 거-맑스주의의 위치처럼 역설적으로 보이는 위치는 다음의 사실을 고려하지 않으면 이해하기 무척 힘들 것이다. 맑스주의자 중에는 당시 '진부'하다는 의심을 강하게 받던 전형적인 통속 철학plebia philosophia을 당대의 가장 명망 높은 철학과 연합시켜[19] 명예회복을 하려고 고심했던 자들이 있었는데, 이들의 기대에 하이데거의 명예회복 기획이 부응했다는 사실 말이다. 「휴머니즘 서간」[20]이 담고 있는 모든 책략 가운데서 '탁월한' 맑스주의자들에게 가장 영향을 미친 것은 이차적 전략인데, 이는 **근본화를 통한** (거짓) **극복**이라는 하이데거의 전형적인 전략을, "맑스주의자와의 생산적 대화"의 언어를 강제했던 새로운 정치적 맥락을 준거 삼아 재해석하는 전략이다. 이는 초기 하이데거가 맑스주의적 **소외** 개념에 맞서 구사했던 전략이기도 하다. 맑스가 (너무도 '인간학적인' 방식으로) 기술한 '소외 경험'의 토대를 인간의 근본적 소외, 다시 말해 **존재** 진리의 망각에서 찾는 '기초존재론[21]'이야말로 근본주의의 **극단**nec plus

---

17) H. Marcuse, "Beiträge zur Phänomenologie des historischen Materialismus", *Philosophische Hefte*, I, 1928, pp. 45~68.

18) C. Hobert, *Das Dasein im Menschen*, Zeulenroda: Sporn, 1937. [책의 제목 *Das Dasein des Menschen*을 잘못 표기한 것으로 보인다.]

19) 키케로가 유물론이나 경험론을 나타내기 위해 사용한 표현인 '통속 철학'은 여기서는 맑스주의를 가리키며, '당대의 가장 명망 높은 철학'은 하이데거 철학을 뜻한다. ─옮긴이

20) M. Heidegger, *Lettre sur l'humanisme*, pp. 61, 67, 73를 보라. 여기에는 『존재와 시간』에 대한 '실존주의적' 독해에 대한 반박이 나와 있다. 그리고 p. 81에는 『존재와 시간』의 개념들을 종교적 개념들의 '세속화'로 해석하는 데 대한 반박이, p. 83에는 본래적인 것과 비본래적인 것의 대립에 대한 '인간학적인' 또는 '도덕적인' 독해에 대한 반박이, pp. 97~98에는 '조국'(Heimat) 분석들의 '민족주의'에 대한 약간은 근거가 있는 반박 등이 나와 있다.

21) l'ontologie fondamentale/Fundamentalontologie. '영역 존재론'에 대비되는 용어. 영역 존재론은 특정 영역(자연, 생명체, 공간 등)에 속하는 존재자들의 존재 방식을 다루는 존재론이며, 기

ultra을 대표하는 것이 아니겠는가?[22]

　　맑스와 하이데거의 뜻밖의 철학적 조합이 엄격하게 '내적인' 이유로부터
비롯되지 않았음을 납득하려면, 장 보프레, 앙리 르페브르, 프랑수아 샤
틀레, 코스타스 악셀로스[23]가 둘의 동일화를 정당화하는 데 이용한, 대개
는 어처구니없는 논변들을 다시 읽어 보는 것만으로도 족하다. "나는 최
근 몇 년간 출판된 대다수 철학 텍스트의 진부함과 대비되는 만큼 더 두
드러진 비전 —— 이 낱말이 썩 정확하진 않다 —— 에 매혹되고 사로잡혔
다."(르페브르) "하이데거의 우주적-역사적 비전과 맑스의 역사적-실천
적 생각 사이에 적대는 없다."(르페브르) 그리고 "맑스와 하이데거 사이에
실존하는 공동의 토대, 내가 보기에 두 사람을 연결하는 것, 그것은 우리
시대 자체, 즉 고도화된 산업 문명과 기술의 세계화가 이루어진 시대 자
체이며 … 요컨대, 두 사상가는 적어도 같은 대상을 공유한다. … 이 점에
서 이들은 가령 여기나 저기에서 등장하는 [산업 문명의] 특정한 표출 형
태를 분석하는 사회학자들과 구별된다."[24](샤틀레) "맑스와 하이데거는

초존재론은 영역 존재론을 가능하게 하는 선험적이고 초월론적인 조건을 다룬다. 이런 기초존
재론의 역할을 하는 것은 실존론적 분석론인데, 왜냐하면 실존론적 분석론은 이미 존재 이해를
하고 있는 현존재의 존재 방식을 분석하고 있으며, 이러한 분석이 모든 영역 존재론의 지반이
되기 때문이다. ──옮긴이

22) M. Heidegger, *Lettre sur l'humanisme*, pp. 101~103 참고.

23) K. Axelos, *Arguments d'une recherche*, Paris: Minuit, 1969, pp. 93 이하(강조는 인용자).
또한 다음을 참조하라. K. Axelos, *Einführung in ein künftiges Denken über Marx und
Heidegger* (Introduction à une pensée future sur Marx et Heidegger), Tübingen: Marx
Niemeyer Verlag, 1966도 참조하라.

24) 여기서는 존재(l'Etre)와 존재자 간의 '존재론적 차이'라는 도식이 작동하고 있음을, 다시 말해
그 도식의 실천적 진리를 보게 된다. 철학과 특별히 사회과학 사이의 거리를 표시하고 양자의

둘 다 세계를 문제 삼는다는 점에서 **근본성**을, 과거에 대한 동일한 **급진적 비판**을, 그리고 지구의 미래를 준비하는 것에 대한 공동의 염려를 보여 준다."(보프레) 그리고 "[하이데거가] 나치일 수 없는 것은 『존재와 시간』을 『시간과 존재』로 방향을 바꿀 수 없는 것과 마찬가지다. 『존재와 시간』이 하이데거를 나치즘으로부터 지켜 주지 못했지만, 한 권의 책이 아니라 1930년 이후의 그의 성찰과 1946년 이후의 그의 출판물을 담은 집약본 『시간과 존재』는 그를 나치즘으로부터 영원히 멀어지게 했다."(보프레) 또한 "하이데거는 **진정한 유물론자**다."(르페브르), "하이데거는 아주 다른 스타일로 **맑스의 업적을 이어간다**."(샤틀레)

해석자의 특별한 이익이나, 해석학적으로 봉헌할 성향과 소질을 모두 갖춘 독자를 가장 명망 높은 저작으로 끌어들이는 장의 논리 자체로는, 하이데거의 철학이 철학장의 극히 다양한 분파들 사이에서 어느 순간 철학적 의도의 가장 뛰어난 성취로 인정받을 수 있었다는 사실을 설명하는 데 충분치 않다. [하이데거 철학의] 이러한 사회적 운명은, 그 자체 철학 교수 단체의 형성 및 인원 충원의 논리나, 대학장과 지식장 등의 구조 내에서의 철학장의 위치를 지시하는, 성향들의 선행적인 친화성을 토대로 해서만 성취될 수 있었다. 교수 단체 —— 이것은 적어도 프랑스에서는 철학 교수들로 이루어지는데, 이들 철학 교수들은 대개 소부르주아라는 하층 출신이고, 세상 및 세상의 권력과 담을 쌓고서 학교 체계에 갇혀 지내며, 학교에서의 업적에 힘입어 인문학 분과의 위계에

위계들을 재확립할 필요가 있을 때, 이 도식이 자연스럽게 등장하는 것은 우연일까?

서 정점에 도달한 자들이다 ── 의 '엘리트'가 보여 주는 소부르주아적 귀족주의는, 그것과 상동적인 성향인 이 모범적인 생산물과 공명할 수밖에 없었다.

표면상 하이데거 언어의 가장 특별한 효과로 보이는 것, 특히 **설교투의 부드러운 수사**를 구성하는 효과들, 정의상 고갈될 수 없는 어떤 주제를 고갈시키겠다는 의지에 이끌린 무한하고 끈질긴 주석의 모태 역할을 하는 성스러운 텍스트의 낱말들 상의 변이, 이것들은 베버가 말한 '강단 예언자들'Kathederprophetenero 하여금 비범하다는 가상을 일상적으로 재-생산할 수 있게 해 주는 전문적인 곡예와 술수의 표본적인 극한에 불과하며, 따라서 절대적 정당화에 불과하다. 사제의 예언자 역할에서 나오는 이러한 효과들은, 베버가 말한 '국가가 임명한 보잘것없는 예언가'의 기능에 대한 사회학적 정의에 함축된 전제들의 수용에서 저자와 해석가를 결합하는 심층적 공모라는 토대 위에서만 온전히 성공을 거둔다고 할 수 있다. 이러한 전제 중에서도, 체면치레하는 학식 높은 독해가 가동하는 **텍스트의 절대화**만큼 하이데거의 이익에 요긴한 것도 없다. 다른 때 같으면 무례하다고 곧바로 기각되었을 하이데거의 '정치적 사유'에 대한 물음 제기가 이루어졌던 데에는 철학자가 나치당에 가입하는 것만큼 이례적인, 중립성이라는 학제적 명령에 대한 위반이 필요했다. 하지만 이러한 위반 역시 중립화의 한 형식이다. 철학 교수들은 정치로 열려 있는 일체의 준거를 철학에서 배제하는 정의를 아주 깊숙이 내면화하여, 하이데거 철학이 철저하게 정치적이었다는 점을 망각하기에 이르렀기 때문이다.

그러나 격식에 맞는 이해는, 그것이 대개 위치들의 더 완전하거나 덜 완전한 상동과 하비투스들의 친화성 위에 세워진, 한층 심오하면서도 한층 모호한 이해의 가면이 아니었다면, 형식적이고 공허했을 것이다. 이해한다는 것은 생산자가 애초에 무의식적으로 가동한 언어적 연합이나 언어적 전치를 실천적인 방식으로 (다시 말해, 대개 무의식적인 방식으로) 가동하면서 다 읽지 않고도 이해하며 행간을 읽는 것이기도 하다. 이리하여, 자신의 효력을 자신의 이중성에서 끌어내기에, 사회적 이해관계를 그것을 감추거나 드러내는 형식 아래서만 정당하게 표현할 수 있는 이데올로기적 담론의 특수한 모순은 실천적으로 해소된다. 위치들의 상동과 하비투스들의 더 완전하거나 덜 완전한 협연은, 발화자가 대변하는 이익들, 그리고 이에 대한 직접적 표현을 금하는 검열의 개별적 형태에 대한 **실천적인 인식/인정**을 도와준다. 그리고 이와 같은 인식/인정은 해독解讀(탈코드화)이라는 의식적 작용을 거치지 않고서도 담론이 **말하고자 하는** 바에 곧바로 접근하게 한다.[25] 이처럼 말의 기저에서 이루어지는 이해는 여전히 표현되지 않고 억압되기까지 한 표현적 관심과, 이에 대한 순응적인 표현, 다시 말해 철학장에 암묵적으로 수용된 규범에 순응하여 실현된 표현, 둘의 만남에서 생겨난다. 하이데거의 엘리트적 신앙고백이 시몬 드 보부아르가 말한 '우익 사상' ─ 그녀는 하

---

25) 외관상 모순적으로 보이는 바이츠제커의 다음의 선언은 바로 이 맹목적인 이해를 가리킨다 (하버마스가 *Profils philosophiques et politiques*, Paris: Gallimard, 1974, p. 106에 인용해 놓았다). "나는 옛날 『존재와 시간』이 거의 출판되지 않았던 때 그것을 읽기 시작했고, 그때 나는 어린 학생이었다. 솔직히 그 당시 나는 그 책에서 엄격히 말해 아무것도 이해하지 못했다고 단언할 수 있다. 그러나 기억나는 한 가지 인상은 그 책, 오로지 그 책에 담긴 사상만이 내가 근대 이론 물리학의 배후에 있다고 느꼈던 문제들을 파악하고 있다는 점이었다. 그리고 오늘날에도 나는 이것이 여전히 옳다고 생각한다."

이데거를 누락했다[26] —— 의 모습이었더라면 틀림없이 항의했을 사르트르조차도, 하이데거 저작이 철학장의 관습과 규약에 맞는 형식으로 제시되었다는 이유 때문에만, 이 저작이 사회적 세계에 대한 사르트르 자신의 경험에 대해 제공하는 표현을 자기가 이해했던 바대로 이해할 수 있었다. 철학적 의식들의 소통은 이처럼 사회적 무의식들의 소통에 기댈 수 있다. 지방 소도시의 철학 교수라는 자기에게 할당된 자리의 **하찮음/무의미**insignifiance, 부조리에 갑자기 마주하게 된 젊은 '엘리트' 지식인의 경험의 승화된 표현인 『구토』를 생각해 보면 된다. 정통성 없는 부르주아, 부르주아 계급의 권리도 이 권리를 요구할 가능성마저도 박탈당한 부르주아로서, 지배계급 내에 불안정하게 돌출된 위치에 있는 ('사생아'라는 주제는 바로 이와 같은 객관적 상황을 거의 투명하게 옮겨 놓은 것이다) 지식인은, 사회적 세계의 나머지, '비열한 놈들', '부르주아' —— 물론 맑스적 의미보다는 플로베르적 의미에서의 ——, 다시 말해 사유하지 않는다는 행운과 불운을 동시에 가졌기에 스스로 만족하고 자신의 권리를 안전하게 지킬 수 있는 모든 자와의 대립을 통해서만 자신을 정의할 수 있다. '부르주아'와 '지식인'에게서, 이후 철학적으로 완곡화된 체계에서 등장할 '즉자'와 '대자'[27]의 '실존적인' 실현을 알아볼 수 있다면, 아마도 "신이 되고픈 향수"의 의미, 다시 말해 부르주아와 지식인 간의

---

26) S. de Beauvoir, "La pensée de droite aujourd'hui", *Les Temps modernes*, t. X. numéro spécial (112-113), 1955, pp. 1539-1575 and t. X (114-115), 1955, pp. 2219~2261 참고.

27) En-soi/Pour-soi. 사르트르 철학에서 '즉자'는 다른 것과 관계를 맺지 않는 자기충족적인 존재로서 "현재 있는 그대로의 존재"이며, '대자'는 자기 자신을 부정하고 자기 자신과 거리를 두는 ("현재 있는 그대로가 아닌 존재"), 그래서 자기 자신과 세계를 의식하는 존재를 가리킨다. '즉자'가 사물과 외연적으로 같다면, '대자'는 인간과 외연적으로 같다. ―옮긴이

화해(플로베르가 말했던 "부르주아처럼 살라, 그리고 반신半神처럼 생각하라"), 사유 없는 권력과 무력한 사유 간의 화해가 지닌 의미를 더 잘 이해할 수 있을 것이다.[28]

---

28) 사르트르와 하이데거가 향후 결별하게 될 운명이었음을 이해하기 위해서는, 심층적으로 다른 두 장에서 그들 각각의 위치를 정의하고 그들 각각의 궤적을 규정하는 요인들의 성좌를 염두에 두어야 할 것이다. 특히 태생적 지식인으로서 지배계급 내에서는 불안정한 처지였지만 지성계에는 완벽히 편입된 자[사르트르]와, 1세대 지식인으로서 지식장에서도 역시 불안정한 처지였던 자[하이데거]를 구별해 주는 모든 것에 대해 말이다.

6장 · 자가-해석과 체계의 진화

나치즘, 즉 운동의 '통속적이고' 충분히 **근본적**이지 않은 국면에 '환멸을 느낀' 이후[1], 하이데거는 시간적으로 동떨어진 혹은 당대에 받아들여질 수 있었던 저자(특별히 니체가 그렇다)나 주제들에 탐닉한다. 이것이 신중한 은퇴였든 꾀바른 이탈이었든, 이렇게 되기까지 외적인 정치

---

1) 이러한 가설은 철학적 의도 자체의 양식[스타일], 특히 이러한 양식으로 표현되는 체계적인 극단주의 성향에 의해 시사되는데, 최근의 역사 연구는 이 가설을 점차 확증한다. 그래서 후고 오트는, 하이데거가 자신이 나치당과 맺은 관계에 대해(특히 총통에 대한 믿음이나 이후의 그의 "저항"에 대해) 내놓을 수 있었던 재해석을 의문시하면서 다음을 보여 준다. 하이데거가 대학 총장 자리를 수락한 것은 의무에 대한 순수한 헌신의 결과처럼 보이지 않으며, 오히려 민족주의 정치라는 새로운 이념으로 지식인과 학자들 세계에서 명성을 얻어(프라이부르크 대학 총장은 제국의 수준에까지 올라가려는 그의 출발 기지다) 일종의 총장들의 총장 또는 지적 지도자가 되려는 그야말로 정치적인 의지에 고무되었기 때문이라는 것이다. 사실, 나치들은 하이데거의 급진주의에 놀라 그를 선택하지 않았으며 하이데거는 자신의 역할을 포기할 구실을 찾았다(H. Ott, "Martin Heidegger als Rektor der Universität Freiburg, 1933-1934", *Zeitschrift für die Geschichte des Oberrheins*, 1984, pp. 343~358. 또한 "*Schau-ins-Land*", Jg. 103, 1983, pp. 121~136 그리고 1984, pp. 107~130. 마지막으로 "Der Philosoph im politischen Zwielicht", *Neue Zürcher Zeitung*, 3~4 nov. 1984 참고).

상황이 어느 정도 영향을 미쳤느냐와는 무관하게, 「휴머니즘 서간」에서 공표된 그 유명한 전회[2] —— 저자나 주석가를 불문하고 다들 [『존재와 시간』이라는 전기 사상과의] 근본적 단절이거나 아니면 단순한 심화로 기술했던 —— 는 하이데거 자신에게는 명시적이었던 체계를 통합하는 노동의 도달 지점일 뿐이다. 그리고 점증하는 완곡어법 때문에 이 도달 지점은 검열이 강화된 시대(나치 하에서는 은퇴 이후, 또한 나치즘의 몰락 이후)와 경이롭게도 딱 맞아떨어진다.[3] 체계는 스스로를 실현하는 과정에서 자신의 기원에서 멀어지는 동시에 가까워진다. 일찍이 후설은 철학적 공리계에는 애초부터 절대적 비합리주의 —— 이는 정치적 니힐리즘과 상동을 이룬다 —— 가 감춰져 있다고 간파한 바 있다. 체계는 이 절대적 비합리주의를 향해 계속해서 전진해감으로써 자기에게로, 다시 말해 체계의 최초 공준들이 담고 있던 궁극적 함축들로 되돌아와 닫히게 되며, 그럴수록 정치적 환상의 난입은 점점 드물어진다. 하이데거는 (특별히 1937년의 「장 발에게 보낸 편지」에서) 초기 저술에 대한 "인간학적" 해석을 강박적으로 거부하면서 새로운 신비적 완곡어법을 벼려 낸다. 도시적이며 프랑스적 부패의 상징인 보들레르의 게르만식 반정립이랄 수

---

2) '전회'(Kehre)에 대해서는 본서 115쪽의 각주 19)를 보라. "이러한 다른 사유를, 즉 주관성을 포기하는 사유 … 이러한 전회는 『존재와 시간』의 입각점의 변화가 아니다. 오히려 전회에 이르러서야 비로소, 『존재와 시간』에서 시도되었던 사유는, 『존재와 시간』에서 경험되었던, 즉 더 정확히 말하자면 『존재와 시간』이 존재망각이라는 근본경험 안에서 경험되었던 그러한 차원의 장소성에 도달한다."(마르틴 하이데거, 『이정표 2』, 이선일 옮김, 한길사, 2014, 140쪽, 번역은 일부 수정) —— 옮긴이

3) 『존재와 시간』 및 이에 대해 『칸트와 형이상학의 문제』나 1929년의 소품들에서 제시된 해석을 하이데거 I로 보는 데 동의한다면, 「휴머니즘 서간」에 언급된 '단절'은 대략 1933년과 1945년 사이에 위치한다.

있는 횔덜린처럼, 보편적인 퇴화로 난 길을 보여 주는[4] 영적 지도자Führer의 편에 서서, 하이데거는 상식과 '일상적 이해'에 대한 저주를 되풀이한다. 그러면서 또한 "부정성과 유한성에 잠긴" 현존재가 세계에 매몰됨, '존재 망각', '방황', '퇴락', '추락'Verderb을 피하기란 불가능하다는 점을 일깨운다. 그는 과학주의와 기술지배에 대한 비난을 한층 투명하면서도 한층 신비적인 어휘들로 일신한다. 그리고 김나지움에서 교육되는 바테스 이데올로기[5]를 장중한 언어로 번역하면서, 예술 숭배 및 철학 숭배를 예술이라 공언한다. 마지막으로 그는 성스러운 것, 신비적인 것 앞에서의 신비스러운 단념을 찬양하는데, 이는 사유를 봉헌, 자기를 존재에 내맡김, 개시, 기다림, 희생이 되게 한다. 사유Denken와 감사Danken의 동화나 끈질기고도 확신에 찬 — 이런 확신은 보편적이라고 할 만한 인정으로부터 나온다 — 여러 말장난을 통해서 말이다.

문체의 면에서나 대상의 면에서나, 하이데거는 슈테판 게오르게로 표상되는 한 극을 향해 — 적어도 슈테판 게오르게의 영향으로 품게 된 이념을 향해 — 끊임없이 접근한다. 마치 사람들에게 받은 인정을 등에 업고서, 사태나 텍스트에 가까운 예언적 '반역자' 역할을 버리는 대신 개념시의 마술사 역을 맡기나 한 듯이 말이다. 하지만, 이 둘이 분열되거나 어느 하나가 포기되지는 않는데, 이처럼 분열이나 포기 없이 하이

---

4) R. Minder, "A propos de Heidegger, Langage et Nazisme", Critique, 1967, n. 237, pp. 289~297.
5) L'idéologie du Vates. 바테스는 고대 켈트(그리고 로마)에서 철학자와 예언자 역할을 하던 신내림을 받은 시인을 일컫는 말이며, 바테스 이데올로기는 이러한 바테스를 숭상하던 것으로 독일인문주의에 영향을 미쳤다. — 옮긴이

데거I을 하이데거II로 이끄는 과정의 원리가 바로 Selbstbehauptung, 즉 '방어'와 '자기주장'의 노동, Selbstinterpretation, 즉 '자가-해석'[6]의 노동인데, 이 철학자는 장이 그에게 지시하는 자기 저작의 객관적 진리와의 관계에서 이를 완수한다.[7] 하이데거가 리처드슨에게, 자기는 최초의 입장을 조금도 부정하지 않았다고 썼던 충분한 이유가 있다. "전회의 사유는 사유 내에서의 변화입니다. 그러나 이 변화는 관점 변경에서 비롯된 것이 아니며, 아니면 적어도 『존재와 시간』이 내건 근본 물음에 대한 포기의 결과는 아닙니다."[8] 실상 아무것도 포기되지 않고 다만 재-부인될 따름이다.[9]

해석과 해석자가 저자에게 그가 누군지 말해 줌으로써, 동시에 그리하여 저자가 말해진 바로 그 사람일 수 있도록 해 줌으로써, 저자를 객관화하고 저자에게 정통성을 부여한다면, 자가-해석이란 이 해석과

---

6) 이 낱말은 F. W. von Hermann, *Die Selbstinterpretation Martin Heideggers*(Meisenheim am Glan, 1964)에서 빌려 왔다.

7) 하이데거 사유 구조의 이동의 주요한 측면들을 탐색하려면 Richardson, *Heidegger: Through Phenomenology to Thought*, p. 626을 보라. 이러한 이동은 윙거가 말한 반역자가 『노동자』의 **능동적이고 지배적인 영웅**에서, 명상에서 은신처를 찾는 순박한 **숲길 산책***으로 나아가는 과정과 흡사하다.

* Waldgang. 숲길 산책은 윙거가 1951년 출간한 책의 제목이기도 하다. — 옮긴이

8) Préface de M. Heidegger à W. J. Richardson, op. cit., pp. XVI-XVII.

9) 나치 정권하에서의 정치 활동에 대한 하이데거의 자기변호는, 1945년 11월 4일 점령군 앞에서 그가 행한 연설로 거슬러 올라갈 수 있다(또한 1976년 5월 31일자 『슈피겔』지에 실린 1966년 12월 23일의 인터뷰를 참조하라. 여기서 그는 매우 유사한 논변들을 개진한다.) 이에 따르면, 하이데거 자신은 동료들(특히 나치에 의해 면직된 전임 총장 폰 묄렌도르프)의 권유로, 또 대학에서의 정신적 삶을 옹호하기 위해 총장직을 수락했고, 마찬가지 이유에서 나치당에 가입했으나 나치 활동에 참여하지는 않았다. 그리고 나치 이데올로그들이 자신의 사상을 끊임없이 비판했으며, 하이데거 자신은 결코 반유대주의라는 죄를 짓지 않았고 오히려 자신의 유대인 학생과 유대인 동료들을 돕기 위해 열과 성을 다했다 등등.

해석자에 대한 저자의 응수다. 이러한 자가-해석 덕분에 하이데거II는 하이데거I의 양식적이고 발견법적인 **실천적 도식들**을 방법상 전향한 다.[10] 이렇게 볼 때 [하이데거의] 후기 언어 이론 자체는 애초부터 실천에 작동되어 온 전략들과 기술技術들을 의식적 **당파**로 구성해 낸 것에 지나지 않는다. 저명하고 찬양받는 저자는 자신의 객관적 진리를 떠맡으며, 이를 철학적 선택으로 변모시킴으로써 절대화하는 것이다. 철학자가 언어를 지배하는 것이 아니라 언어가 철학자를 지배하고, 또 철학자가 말놀이를 하는 것이 아니라 말이 철학자를 가지고 논 것이라면, 그 이유는 말놀이야말로 존재의 언어-자체, 곧 존재-론onto-logic이기 때문이다. 철학자는 성스러운 것을 섬기는 겸임 사제며, 그의 언어적 주술은 오로지 재림을 준비하기 위한 것이다.

여기서 이 주제가 표현된 수많은 텍스트, 특히 휠덜린을 다룬 그 모든 글을 인용할 필요가 있을 것이다. 이 글들에는 시인을 대변자Fürsprecher —— 존재를 위해, 다시 말해 존재의 편에서 또한 존재의 자리에서 말하는 자, 그리고 근원어Ursprache로 회귀함으로써 자기가 그 목소리를 해석하는 민족을 모으고 움직이는 자 —— 로 보는 이론의 정치적 의미가 특별히 드러난다(M. Heidegger, *Approche de Hölderlin*, Paris: Gallimard, 1962). 마찬가지로 「헤벨, 집안의 친구」Hebel, l'ami de foyer(이 논문은 *Questions III*

---

10) 이와 비슷한 진화는 생산적 의도의 노쇠화에 전형적인 것 같다. 생산적 의도는 학제화되며, 또 이를 통해 화석화되는데, 그 과정에서 그 자신의 객관화 및 이런 객관화가 발생시키는 여타의 객관화(비평, 주석, 분석 등)에서 그 자신을 알게 되고, 그것에 승인된 그 자신의 논리의 끝까지 가 보는 권위를 이용한다.

에 담겨 있다)와 이를 분석한 민더의 글 「마르틴 하이데거와 농경적 보수주의」Martin Heidegger et le conservatisme agraire(이 논문은 *Allemgne d'aujo-urd'hui*, n. 6, 1967년 1~2월, pp. 34~49에 실려 있다)를 읽어 볼 필요가 있다. [이 글들에 나타난] 객관적 진리를 회복하는 전략들은 부인否認과 양립 불가능하지 않다. "이 구절에서 '내-존재'[11]를 '거주'로 가리킨 것은 공허한 어원학적 놀이가 아니다. 1936년 강의에서 횔덜린의 말을 참조한 것도 마찬가지다. 횔덜린의 말 **'충분한 업적, 하지만 인간은 이 대지 위에 시적으로 거주한다'**Voll Verdienst, doch dichterisch wohnet der Mensch auf dieser Erde는 과학을 버리고 시에서 구원을 찾는 사유의 **장식품이 아니다**. 존재의 집에 대해 말한다는 것은 존재를 '집'의 이미지로 **옮기는 것이 결코 아니다**. 오히려 그것인 바에 따라 사유된 존재의 본질로부터, 우리는 언젠가 '집'이 무엇인지, '거주'가 무엇인지를 사유할 수 있을 것이다"(M. Heidegger, *Lettre sur l'humanisme*, p. 157. 강조는 부르디외).

이와 같은 자가-해석의 노동은 정정하고 교정하고 논점을 맞추고 반박하는 가운데서, 또한 그것들을 통해 완수된다. 이러한 작업을 통해 저자는 문제 제기 ——특히 정치적인 문제 제기—— 에 맞서, 나아가 자기에게 범상한 정체성을 부여하는 모든 형태의 환원에 맞서 자신의 공적

---

11) 『존재와 시간』에서 현존재는 세계-내-존재로 제시되는데, '내-존재'(안에-있음)는 '세계'와 '누구'와 함께 '세계-내-존재'의 구조를 이루는 한 계기이다. '내-존재'는 물체들의 공간적인 포함 관계를 의미하는 게 아니라 '열어밝혀져 있음/개시성'(Erschlossenheit)을 의미한다. 그리고 이러한 '열어밝혀져 있음/개시성'에는 처해있음(기분), 이해, 말이 동근원적으로 속한다. ——옮긴이

이미지를 변호한다.

감시가 어디까지 미치는지를 보여 주는 한 사례가 있다. "우리가 소목장이의 일을 예로 선택한 이유는, 그런 예를 든다고 해서 우리 지구의 상태가 머지않은 장래에 아니면 언젠가 다시 시골의 목가적인 전원생활로 되돌아가리라는 기대를 어느 **누구도 품지 않으리라고** 가정했기 때문이다." (M. Heidegger, *Qu'appelle-t-on penser?*, Paris: PUF, 1959, pp. 93~94, 강조는 인용자). 경계하기 전략과 마찬가지로, 형식 갖추기 전략 역시 한층 더 강력해진다. 즉 하이데거 II는, 하이데거 I이 일상 언어 구조나 사회세계 표상의 공통적 형식에 적용한 사유 양식을 자신의 초기 철학에 적용함으로써, 하이데거 I이 두 번째 단계의 완곡어법을 겪도록 하며, 이 완곡어법은 과거의 절차나 효과를 희화화한다. 가령 'Geschick'(역운)은 『존재와 시간』에서는(p. 384) 'Gechehen'(사건)과 'Geschichte'(역사)와 함께 아주 투명한 놀이를 벌이며(Das schicksalhafte Geschick des Daseins in und mit seiner 'Generation' macht das volle, eigentliche Geschehen des Daseins aus: 현존재의 숙명적인 역운은 자신의 '세대' 내에서 그리고 그 '세대'와 더불어 현존재의 완전하고 고유한 사건을 만들어 낸다), 그때 Geschick은 현존재가 '본래성' 속에서 떠맡아야 하는 **민족** 전체의 유산인 '공동 운명'을 가리킨다. 그렇지만 하이데거 II에게서 Geschick은 아주 다른 언어적 조합에 삽입된다. 리처드슨은 이를 잘 지적하고 있다. "독일어 'schicken'(보내다)과 'Gechichte'(역사), 그리고 'Schiksal'(운명)이라는 낱말들과 마찬가지로, 'Gechick'이라는 낱말은 'Gechehen'(일어나다)이라는 동사에서 따온 것이다. 하이데거에게서 그것은 사건Ereignis을 가리키며, 따라서 '존재'가 인간에게 '스스로를 보내는 *sich schicket* '일어남'을 가리킨다. 우리는 보냄을 '내-보냄'e-mitting이라 부른다. 보냄을 '존재'에게서 진행되어 나오는 것으로 간주했을 때, 그것은 '보냄'mittence이다. 그것을 인간에게서 일어나는 것으로 간주했을 때, 그것은 '맡김'committing 혹은 '책무'commitment, *Schicksal*다. 따라서 후자는 '운명'이라는 SZ 번역을 대체한다. 보냄들mittences의 집합성은 역사-로서의-'존재'*Ge-schick-e, Geschichte*를 구성한다. 그리고 우리는 이를 '사이 사이에-보냄'inter-mittence으로 번역한다. 이 모든 것들은 휠덜린의 '다시-모음'Re-collection에 대한 성찰에서 더 분명해진다."(Richardson, *Heidegger: Through Phenomenology to Thought*, n. 1, p. 435.)

구별짓기의 탐구라는 예언적 기획에서 어떤 교수 스승에게 표지를 부여하고 등급을 매기는 이와 같은 열정적이고 비장한 감시야말로, 진화의 명실상부한 원리일 것이다. 이러한 진화는, 논박에서 논박으로, 부인에서 재-부인으로, (가령 후설, 야스퍼스, 사르트르 등에 대한) 거리두기에서 일체의 규정과 집단적이거나 단독적인 일체의 호칭에 대한 극복으로 이어지면서, 하이데거의 사유를 점차 부정적 정치 존재론으로 전향시킨다.[12]

하이데거의 나치즘에 대해 물음을 제기한 이들은 늘 철학 담론에 너무 많은 자율성을 부여하거나 아니면 너무 적은 자율성을 부여하곤

---

12) 극복의 의도는 그가 이전에 생산한 것들에도 적용된다(가령, M. Heidegger, "Dépassement de la métaphysique", *Essais et conféreneces*, Paris: Gallimard, 1973, pp. 80~115, 특히 『칸트와 형이상학의 문제』를 다룬 pp. 90~91를 참조하라).

한다. 물론 하이데거가 나치당에 가입했다는 것은 엄연한 사실이다. 그러나 하이데거I이나 하이데거II는 크리크 총장[13]과 같은 의미에서 나치 이데올로그는 아니다. 오히려 [하이데거에 대한] 크리크 총장의 비판은 하이데거가 니힐리즘과 거리를 두는 데 기폭제가 되었을 것이다. 하지만 그렇다고 해서 하이데거 사유가 그 사유의 실상, 즉 '철학적' 질서상에서 '보수혁명'의 구조적 등가물이 아니라는 건 아니다 — 나치즘은 다른 형성 법칙에 따라 생산된 보수혁명의 또 다른 발현이며, 따라서 보수혁명을 오로지 철학적 연금술이 제공한 승화된 형식 아래서만 인정할 수 있었던 자들에게 현실적으로 수용될 수 없었을 뿐이다. 마찬가지로, 하이데거 담론이 '생의 감각'을 재능 없이 소박하게 표현한 것[14]이라고 본 카르납의 유명한 비판도 하이데거 담론의 모호하고 공허한 특징을 공격할 때 표적을 놓치고 만다. 실상, 순수하게 정치적인 분석과 마찬가지로 순수하게 논리적인 분석 역시 이와 같은 이중적 담론의 이치를 해명하는 데 있어 무력하다. 왜냐하면 이 이중적 담론의 진리는 [한편으로] 형식 놀이가 전면에 내세우는 공표된 공식적 체계와 [다른 한편으로] 상징적 구조물 전체를 그 자체의 응집력으로 지탱하는 억압된 체계가 맺는 관계에 있기 때문이다. 이처럼 강세를 붙여 부각한 의미에다, 그 자체로 모호하고 애매한 낱말들이 나르는 여러 의미를 은폐할 힘을, 특히 [그 낱말들의] 일상적 사용에 들어 있는 가치 판단이나 감정적 함의

---

13) 하이데거가 프라이부르크 대학 총장에서 사임할 당시 하이델베르크 대학 총장으로서 열렬한 나치 추종자였다. ─옮긴이

14) R. Carnap, *La science et la métaphysique devant l'analyse logique du langage*, Paris: Hermann et Cie, 1934, pp. 25~29, 40~44.

를 은폐할 힘을 부여하면서, 고유한 의미만을, 다시 말해 고유하게 철학적인 의미만을 특권적 준거로 삼도록 강요하는 것, 이는 곧 유일하게 합법적이라고 지목된 독해 방식을 강요하는 것이다. 여기서 철학의 입구, 즉 고유하게 철학적인 **가상**illusio은 어떤 언어의 채택으로 환원되지 않는다는 점, 오히려 같은 낱말에서 여타의 의미들을 거두는 정신적 자세의 채택을 상정한다는 점을 알게 된다. 누구나 철학 담론을 다룰 수 있지만, 오로지 알맞은 코드를 가지고 있을 뿐 아니라 독해 방식을 가진 사람만이 그것을 참되게 읽을 수 있다. 여기서 말하는 독해 방식이란 문장들을 알맞은 사용역에, 다시 말해 철학이라는 사회적 공간에 진정으로 참여한 모든 이들에게 공통적인 정신적 공간에 놓고서, 그 문장들의 적절한 의미가 울려 퍼지게 하는 독해이다.

합법적인 독해 방식, 즉 적절한 의미를 부과한다는 것, 이는 부적절하거나 추잡한 의미, 다시 말해 검열되고 금기시되고 억압된 의미를 **수용자**의, 악의나 잘못된 정보를 가진 독자의 **탓으로** 돌릴 수단을 가지게 된다는 것이다. 따라서 그것은 말하지 않고서도 말하는 수단을 가지게 된다는 것, 또 허용되지 않은 맥락을 참조함으로써만 이해될 수 있는 모든 것, 즉 **암시된** 함의들을 미리 회피할 권한을 가지게 된다는 것이다. 그렇다고 이중적 놀이, 나아가 수사적 전략을 말할 필요가 있을까? 억압된 의미들을 객관화하는 분석은 그 자체로 창조 활동에 대한 이와 같은 목적론적 표상을 고무시키는 경향이 있다. 하지만 사상가[하이데거]를 고발하거나 결백을 밝히려고 고심하는 대신 그를 이해하려고 고심하는 순간부터, 사상가가 그 스스로 구사하는 가장 근본적인 수사적 전략의 주체라기보다는 대상임이 감지된다. 이 수사적 전략은, 사회적 공간들의 필연성, 이와 불가분적으로 정신적 공간들의 필연성 ── 이것들은 사상가를 통해서 상호 관계한다 ── 이, 자기 하비투스의 실천적 도식에 인도되는 사상가를 이를테면 매질처럼 관통할 때에야 비로소 작동한다. 하이데거가 자신이 말한 바를, 진정으로 자기에게 말하지 않고서 말할 수 있었던 것은, 오히려 그가 자신이 말했던 바를 진정으로 알지는 못했기 때문일 수도 있다. 또 그가 자신의 나치 참여에 대해 끝내 해명하기를 거부했던 것도 아마 같은 이유일지도 모른다. 그것을 진정으로 해명한다는 것은, '본질적 사유'가 실상 본질적인 것 ── 다시 말해, 이 사유를 통해 표현된 사회적 비사유l'impensé social와, 사유의 전능성이라는 가상만이 자아낼 수 있는 극단적 맹목에 놓인 통속적으로 '인간학적인' 토대 ── 을 사유하지 않았음을 고백(시인)하는 셈이기 때문이다.

옮긴이 후기

이 책은 부르디외의 *L'Ontologie politique de Martin Heidegger*(Minuit, 1988)를 번역한 것이다.

원래 이 글은 책의 형태로 출판되기 13년 전인 1975년, 부르디외가 독일의 막스 플랑크 사회연구소에 잠시 체류할 당시 독일어 논문의 형태로 발표되었고, 이후 프랑스어로 『사회과학연구지』*Actes de la recherche en sciences socials*(5~6호, pp. 109~156)에 게재되었다. 하이데거 사망 직전 해에 출간된 이 논문은, 학술지 겉표지에는 "Heidegger: un professeur ordinaire"(하이데거: 어떤 정교수)라는 제목으로, 속 논문에는 이 책과 같은 "L'Ontologie politique de Martin Heidegger"라는 제목으로 표기되었다. 겉표지의 제목은 하이데거와 같은 '대가의 사유'를 '평범한 ordinaire 교수'적 사유의 전형으로 보고자 하는 부르디외의 의도를 시사해 준다.

이 논문은 1988년 책의 형태로 다시 출간된다. 나치 참여가 하이데거의 실수가 아니라 그의 철학의 필연적인 결과임을 폭로하는 빅토르 파리아스의 『하이데거와 나치즘』*Heidegger et Nazisme*(1987)으로 프랑스 지성계가 떠들썩하던(소위 '하이데거 스캔들') 시기에 말이다. 파리아스의 책 한 권으로 독일도 아닌 프랑스 지성계와 철학계가 그토록 떠들썩 했다는 사실은 프랑스 지성계에 깊숙이 각인된 하이데거의 영향을 방증한다. 장 폴 사르트르, 장 보프레, 에마뉘엘 레비나스, 자크 데리다, 장 프랑수아 리오타르, 필립 라쿠-라바르트, 장 뤽 낭시, 장 뤽 마리옹 등 현대 프랑스 철학의 수많은 인물이 하이데거를 스승으로 삼거나 하이데거가 제시해 준 영감에 따라 새로운 길을 개척해 갔다. 하이데거가 철학장에 들어설 당시 칸트 철학과의 관계가 철학장에서의 위치를 규정하는 주도적 원리였듯이, 하이데거 철학과의 관계가 2차 세계대전 이후의 프랑스 철학장을 구획하는 주요한 지표 중 하나였다고도 말할 수도 있겠다. 부르디외 역시 이러한 영향에서 예외는 아니었다. 한 대담에서 그의 고백에 따르면, "… 하이데거는 행위자와 세계의 관계에 대한 반주지주의적, 반기계론적 분석의 길을 열어주었다."(P. Bourdieu, *In Other Words: Essays towards a reflexive Sociology*, Stanford: Stanford University Press, 1990, p. 10) "나는 하이데거를 많이 읽었고 상당히 매료되었다. 특히 『존재와 시간』에서 제시된 시간의 공공성, 역사 등에 대한 분석에 말이다. … 이는 사회적 세계에 대한 일상적 경험을 분석하려는 나의 노력에 도움이 되었다."(*Ibid.*, p. 5)

그래서 파리아스의 책이 출간되자 프랑스 철학계가 갖가지 반응, 대부분은 적대적인 반응을 보인 것도 어찌 보면 당연하다. 파리아스의 폭로는 몰염치한 비방에 지나지 않으며, 하이데거의 나치 참여는 하이데거 사상과는 아무 관련이 없는 한순간의 실수에 불과하다는 반응 (장 보프레의 제자 프랑소아 페디에의 『스캔들의 해부』*Heidegger: Anatomie d'un scandale*의 입장)이나, 파리아스의 폭로는 전혀 새롭지 않지만, 하이데거의 나치 참여가 그의 사상과 무관한 실수가 아니라 당시 하이데거 철학이 자신이 극복하고자 했던 '형이상학'에 여전히 머무르고 있었음을 보여 주며 이는 이후의 전회를 통해 극복된다는 반응(라쿠-라바르트의 『정치의 픽션』*La fiction du politique: Heidegger, l'art et la politique*의 입장)처럼 말이다.

이 책의 출간은 이러한 하이데거 스캔들에 대한 부르디외의 개입이라고 볼 수 있다. 새로 글을 쓰는 대신 그저 파리아스를 언급한 세 개의 주석을 추가하고 순서와 배치만 바꿨다는 점에서, 이 개입은 일견 소극적으로 보인다. 그러나 이 책에서 드러난 하이데거에 대한 부르디외의 태도는, 앞서 인용한 대담에서와는 달리, 불어 '메샹'méchant이란 말이 어울릴 정도로 가혹하고 심술궂다. 부르디외가 보기에, 하이데거의 나치 참여와 나치와의 결별은 '보수혁명'을 통해 설명된다. 나치와 하이데거 철학 모두 보수혁명의 테두리 안에 있다는 점에서, 하이데거의 나치 참여는 한순간의 실수로 치부할 수 없다. 마찬가지로 나치와의 결별도 참회의 결과나 전회 이후 하이데거 철학이 변했기 때문이 아니라, 하이데거가 보수혁명의 극단을 추구했기 때문이다. 나치가 지나쳐서가 아니라 나치가 부족해서 결별했다는 얘기다.

덧붙여, 부르디외는 연구의 성격이 강했던 1975년의 논문을 글 순서의 재배치를 통해 하이데거에 대한 자기 입장을 체계적으로 설명하는 해설로 탈바꿈한다. 원래 논문의 목차는 다음과 같았다([] 안은 현재의 책에 해당하는 부분).

(1) 거짓 단절의 수사학: 형식 갖추기와 경계하기 [4장]

(2) 내적 독해와 구별짓기 감각 [5장]

(3) 순수철학과 시대정신 [1장]

(4) 철학적 승화 [서론, 3장]

(5) 계급의 하비투스와 철학자의 '솜씨' [2장, 6장]

원래 논문의 세부 논의는 지금 이 책의 논의와 크게 다르지 않지만, 하이데거 철학 담론을 정신분석학 개념을 도구 삼아 언어학적으로 분석하여 철학장이라는 문화적 생산장의 작동원리를 연구한 (1)(2)와, '사회공간', '장', '하비투스', '성향', '가상', '상동(성)'과 같은 부르디외 사회학의 핵심 개념을 이용하여 하이데거 철학을 분석한 (3)(4)(5)는 각기 독자적인 별개의 논의라는 인상을 주었다. 이후 (1)(2)만 따로 떼어내 논문 모음집에 여러 번 수록한 것을 보면, 부르디외 역시 (1)(2)의 논의가 독자적이라고 생각했던 것 같다. 그러나 논의 순서를 재종하고 서론과 책의 끝부분을 수미일관되게 맞추는 편집을 통해 하이데거의 철학 담론을 '재료[배경] – 생산 – 수용' 순으로 일목요연하게 접근할 수 있게 만들며, 하이데거 스캔들에 참여한 다른 철학자나 역사학자와 자신의 입장이 어떻게 다른지를 쉽게 간파할 수 있도록 한다.

그렇지만 이 책이 하이데거 스캔들 와중에 새로 편집되어 출간되었다는 사실만 주목한 나머지 애초에 부르디외가 하이데거를 분석 대상으로 삼은 이유를 망각해서는 안 될 것이다.

그 이유로 우선 생각해 볼 수 있는 것은 앞서 언급한 현대 프랑스 철학계, 나아가 지성계에서 하이데거 철학의 위상이다. 부르디외는 하이데거에 대한 비판적 분석을 통해 하이데거 철학의 사회적 진리를 폭로하는 것을 넘어 하이데거 신화에 의존하는 프랑스 철학계를 겨냥한다. 이는 이 책의 출판을 통해 하이데거 스캔들에 개입한 이유 중 하나일 것이다. "'하이데거 스캔들'은 철학적 탐미주의가 사회적 귀족주의에 뿌리내리고 있다는 사실을 보여 줄 수 있는 좋은 기회였다. 사회적 귀족주의 자체는 사회과학에 대한 경멸의 바탕에 깔려 있는 것이다."(피에르 부르디외, 로익 바캉, 『성찰적 사회학으로의 초대: 부르디외 사유의 지평』, 이상길 옮김, 그린비, 2015, 258쪽, 번역은 일부 수정)

그러나 이보다 더 중요한 이유는 지식사회학의 분석 대상으로서 하이데거 철학의 독특함이다. 우선 하이데거 철학은 '순수철학'의 대표자다. 가령, 하이데거는 과학의 발전 앞에서 과학에 기대어 철학이 할 일을 찾았던 당대의 신칸트학파와는 달리, 존재 물음을 통해 철학의 근원성과 자기 정초성으로 향한 길을 재개척한다. 이를 성공적으로 해냄으로써 그는 당대의 철학장에서 지배적인 위치를 점할 수 있게 되었다. 더군다나 그는 철학적 사유가 시대 상황이나 철학자의 개인사를 통해 이해되는 것을 꺼릴 정도로 철학의 고유성을 강조한다. 아리스토텔레스에 관한 글에서 아리스토텔레스는 태어나서 살다가 죽었다는 식으로 전기적 상황을 희화화하고 축소했으며, 자기 철학을 주해할 때 자기의 전기적 사항을 빼라고 요구하기도 했다. 그러면서 동시에 하이데거 철학은 정치적으로 얼룩진 철학이다. 하이데거 자신이 나치당에 가입했고, 하이데거 철학의 논의 구조나 용어는 당대의 보수혁명가의 논의와 공명한다. 철학장 내에서 하이데거와 신칸트학파의 싸움은 보수주의와 진보주의 사이의 정치 싸움을 옮겨 온 것처럼 보일 정도다. 부르디외는 이러한 하이데거 철학의 특징을 '애매성', '이중 놀이' 등으로 표현한다. 이러한 특징 덕분에 하이데거는 철학과 정치의 관계, 철학장과 권력장의 관계, 철학장의 상대적 자율성, 철학장의 작동방식을 밝혀 주기에 적합하게 된다.

사실, 이와 같은 하이데거 철학의 독특함은 부르디외가 1988년에 이 책의 출판을 통해 하이데거 스캔들에 개입한 또 다른 이유이기도 하다. 하이데거 스캔들에서 하이데거의 비판자들은 하이데거 텍스트를 성급하게 그의 환경이나 계급적 지위 등으로 곧바로 환원하는 반면, 하이데거 옹호자들은 하이데거를 따라 저자를 도외시하고 철학 텍스트의 내적 논리만을 좇는 내적 독해를 추구한다. 그러나 두 독해 모두 철학자와 철학자의 사상(또는 사상의 물화인 저작)을 연결할 수 없는 무력함을 공유하며, 이는 하이데거처럼 "철학적으로만 정치에 개입할 수 있는" 애매성을 지닌 철학자를 분석하기에는 한계가 있기 때문이다. 부르디외는 소위 '이중의 독해'를 통해 이를 넘어서고자 한다.

또 다른 이유로는 하이데거 철학에 대한 비판적 분석을 통해 철학과 사회학과의 관계를 재성찰할 기회를 얻을 수 있기 때문이다. 전통적으로 여타의 학문에 대한 철학의 우위는 철학의 자기 성찰성, 자기 정초성 때문이라고 생각되어 왔다. 하이데거는 20세기에 이를 가장 높은 지점에서 성취한 철학자 중 한 명으로 받아들여져 왔고 이 때문에 위대한 철학자의 반열에 올라선다. 그러나 부르디외는 하이데거 철학에는 특유의 맹목, 자신을 산출한 사회적 조건에 대한 무지가 작동하고 있음을 드러내고자 한다. 이를 통해, 자기 성찰성이나 자기 정초성의 면에서 사회학이 철학에 우위에 있음을 제시한다. "철학에 대한 진정한 사회학적 분석은 … [철학을] 문화적 생산장과 역사적인 사회공간 안에 다시 위치시킨다. 이는 다양한 철학들과 그 계승 논리를 이해하고 그럼으로써 철학자들을 그들의 유산 속에 새겨진 사유되지 않은 것으로부터 해방시키는 유일한 수단이다."(앞의 책, 261쪽) 이렇게 보면, 하이데거 철학과 철학장에 대한 부르디외의 비판적 분석은 태생부터 철학의 비웃음을 받아 온 사회학의 복수이자 철학과 사회학의 관계 재정립이라 볼 수 있다.

이제 짧게나마 이 책에서 어떤 식으로 하이데거 철학에 대한 논의가 이루어지고 있는지를 개관해 보자.

「서론」. 여기서는 철학적 공간과 동시에 정치적 공간에 이중적으로 준거하는 하이데거 철학의 성격이 제시되고, 그에 알맞은 독해 방법으로 '이중적 독해'가 제시된다.

1장 「순수철학과 시대정신」. 여기서는 당대의 지식인 사회와 대학장을 지배하던 '민족적 담론'의 특징이 제시되며, 이의 대표자인 오스발트 슈펭글러, 에른스트 윙거의 저작이 분석된다. 그리고 이들 보수혁명가의 사상과 하이데거의 철학 담론 사이의 상동성과 단절이 논의된다. 하이데거의 철학적 담론의 '애매성'을 규정하는 한쪽(정치장과의 관계)이 논의되는 것이다.

2장 「철학장과 가능한 것들의 공간」. 여기서는 하이데거의 철학적 담론의 '애매성'을 규정하는 다른 한쪽, 즉 철학장에서의 하이데거의 위치가 논의된다. 하이데거의 위치는 보수혁명적 사고방식을 '승화'를 통해 철학장에 도입한 것이며, 여기에는 하이데거의 사회적 궤적과 다성적 능력이 작용하고 있음이 논의된다.

3장 「철학의 보수혁명」. 여기서는 하이데거의 『칸트와 형이상학의 문제』에 나온 '칸트 철학의 재해석'을 실마리로, 신칸트학파나 후설의 현상학 등 당대의 철학장의 지형을 그려 내고, 이들에 맞서 철학장에 새로운 위치를 탄생시킨 하이데거의 철학적 전략을 제시한다. 하이데거의 철학적 입장으로서 직관 우선, 역사주의적 존재론이 제시되며, 상동 이론에 근거하여 이의 정치적 의미가 제시된다.

4장 「검열과 형식 갖추기」. 여기서는 철학장의 상대적 자율성의 정체가 '검열', '형식 갖추기'mise en forme, '거짓 단절 전략'을 통해 보여진다. 하나의 장에서 다른 장으로 이동하기 위해서는 그 장의 고유한 검열을 통과해야 하는데, 철학장의 경우 '형식 갖추기'가 바로 검열의 효과이다. 철학장이 다른 사회적 공간으로부터 분리되어 있다는, 혹은 절대적으로 자율적이라는 가상(또는 철학은 '영원한 진리'를 말한다는 가상)도 결국은 이러한 '검열'의 효과이다. '검열'은 '승화'와 '완곡화'로 이루어진다. 부르디외는 하이데거의 개념 '배려'Fürsorge를 언어적-정신분석학적으로 분석함으로써 이를 구체적으로 보여 준다. "프로이트주의(검열, 부인, 승화)의 기여와 교수적 담론의 '완곡화되고' '형식적인' 스타일에 대한 언어적 분석을 결합"했다는 평가(D. Janicaud, D. Pettigrew and F. Raffoul, *Heidegger in France*, Bloomington: Indiana University Press, 2015, p. 159)처럼, 이 장은 이 책의 가장 독창적인 부분으로 간주되며 이후 하이데거 담론의 언어 분석을 자극한다.

5장 「내적 독해와 격식 존중」. 여기서는 하이데거 옹호자가 내세우는 하이데거 저작에 대한 내적 독해가 '형식 갖추기'와 경계하기mise en garde 전략의 효과임이 제시되며, 이런 시각에서 하이데거와 주석가들의 관계를 살펴본다.

6장 「자가-해석과 체계의 진화」. 여기서는 소위 '전회'Kehre 이후의 하이데거 사유를 자가-해석이라는 관점에서 분석하면서, 전략이라는 면에서는 '전회' 이전과 달라지지 않음을 보여 준다.

독자들이 이 책의 '독자에게', '서론'과 함께 '6장_자가-해석과 체계의 진화'의 마지막 두 단락을 먼저 읽는다면, 이 책의 문제의식을 쉽게 간파할 수 있을 것이다. 다만 '책을 읽는 독자에게'에 언급되어 있듯이, 이 책을 하이데거와 나치(혹은 정치)의 관계라는 측면에서만 보지 말고 부르디외 사회학의 방법을 철학의 정전에 적용한 방법론 예제(혹은 풀이)로도 보아 달라는 부탁을 하고 싶다.

보통 이런 유의 책, 한 대가가 다른 대가를 다루는 책은 흥미를 자아내기 마련이다. 한 권의 책으로 두 대가를 동시에 알 수 있다는 환상을 주니까. 그러나 이런 유의 책은 독해를 위해 두 대가 각각에 대한 어느 정도의 앎을 전제한다는 점에서 접근하기가 더 까다로울뿐더러, 두 대가가 철학과 사회학처럼 서로 다른 영역에 속하고, 그들의 만남이 옹호가 아닌 비판적 만남이라면, 불만이 쌓일 수밖에 없다. 사회학 전공자에게는 하이데거 철학에 대한 비판적 분석이 지식사회학의 예제치고는 지나치게 까다롭고 투자 비용이 많이 들어간다는 불만이 있을 것이고, 철학 전공자에게는 자기네의 정전을 성급하게 오염시키고 있다는 불만이 생길 것이다. 아마도 현대 유럽 철학을 전공하는 사람이라면, 하이데거 철학을 초기의 '결단'Entschlossenheit을 중시하는 귀족주의에서 후기의 '내맡김'Gelassenheit을 중시하는 귀족주의로 변모된 것으로 보며, 초기나 후기 모두 보수혁명의 테두리 안에 있으며 니힐리즘의 표현에 지나지 않는다는 이 책의 시각에 선뜻 동조하기 어려울 것이다. 소박하다는 이유에서 말이다. 따라서 이 책을 선뜻 받아들일 독자를 찾기란 어려우리라 짐작되며, 그런 점에서 이 책의 재출판을 결정해 준 그린비 출판사에 감사한다.

처음 재출판을 제안받았을 때는 기존 번역본(『나는 철학자다: 부르디외의 하이데거론』, 이매진, 2005)에 『하이데거의 정치적 존재론』이라는 원래의 제목을 되돌려 주고 몇몇 부자연스러운 문장만 고칠 계획이었다. 그러나 기존 번역본을 원문과 다시 대조해 본 결과 오역과 부정확한 정보가 다수 있었고, 만연체로 악명 높은 부르디외의 문장을 가독성 있게 만든답시고 끊었던 문장이 오히려 글의 흐름과 이해를 방해하는 경우가 많아, 재번역해야 했다. 이번 재번역에서는 낯 뜨거운 여러 오역을 수정했을뿐더러, 원문의 흐름과 논리가 최대한 잘 드러나도록 고심하고 노력했다. 더불어, 그사이 축적된 인터넷 데이터의 힘을 빌려 몇몇 잘못된 정보를 수정했고 (독서를 방해하는 과도한 정보라는 핀잔을 들을 위험을 무릅쓰고) 인물 정보, 신칸트학파나 하이데거 철학 용어에 대한 주석을 추가했다. 독자가 책 바깥으로 나가는 수고를 최대한 덜어 주기 위함이다. 이번 재번역이 기존 번역보다 나아진 점이 있다면, 애초에 약속한 일을 두 달 이상 지체했음에도 말없이 기다려 준 그린비 출판사, 이 책을 처음 번역할 때보다 훨씬 나아진 인터넷 환경 덕분이다. 감사하다.

2021년 3월

김문수

찾아보기

【ㄱ】

가다머(Hans-Georg Gadamer) 14, 56, 127

가상(illusio) 10, 15, 46, 48, 68, 99, 102, 125, 128, 129, 161, 174

거짓 단절 107, 125, 137, 143

검열 12, 40, 121~123, 132, 136, 139, 142, 162, 166, 174

게오르게 서클 84, 94

게오르게(Stefan George) 62, 94~96, 119, 167

게이(Peter Gay) 14, 24, 32, 48

결단(Entschlossenheit) 119, 128

고려(Besorge) 37, 96, 125, 128, 130, 139

과학, 자연과학과 인간과학 34, 50, 76, 79~81, 102

귀르비치(Georges Gurvitch) 82, 114

기술(Technique) 24, 27, 37~38, 41~42, 57~58, 60~62, 64, 72~74

【ㄴ】

나토르프(Paul Natorp) 33, 81

『노동자』(*Der Arbeiter*) 13, 28, 56, 59, 63~64, 67, 69, 71, 168

니체(F. W. Nietzsche) 26, 29, 62, 66, 71, 76, 111, 119, 136, 165

니키쉬(Ernst Niekisch) 36, 48, 50, 58~60, 60

니힐리즘 59, 64~66, 71~74, 111, 154, 166, 173

【ㄷ】

다보스 토론/대담 94, 105, 112

단락(Court-circuit) 11

대자(le Pour-soi) 144, 164

독사(doxa) 46, 70, 80, 100, 114

『디 탓』(*Die Tat*) 26

디데리히스(Eugen Diederichs) 26

딜타이(Wilhelm Dilthey) 29, 77, 83, 105

【ㄹ】

라가르드(Paul de Lagarde) 26, 54
라캉(Jacques Lacan) 143
랑(Fritz Lang) 28, 62
랑게(Friedrich Albert Lange) 81, 95
랑벤(Julius Langbehn) 26, 119
레보빅스(Herman Lebovics) 48
뢰비트(Karl Löwith) 14
루비치(Ernst Lubitsch) 28
루카치(György Lukács) 16
르페브르(Henri Lefebvre) 159~160
리처드슨(William J. Richardson) 13~14,
101, 105, 152~153, 157, 168, 171~172
리케르트(Heinrich Rickert) 81
린저(Fritz K. Ringer) 11, 32~36, 52, 55,
80~83, 105
릴케(Rainer Maria Rilke) 24, 140

【ㅁ】

마르부르크학파 76, 81, 104~105
마르쿠제(Herbert Marcuse) 158
맑스(Karl Marx) 31, 45, 54, 58~59, 62,
64, 79, 82~83, 89, 102, 111, 119, 141,
158~160, 163
메타노이아(metanoïa) 70
메트로폴리스」(Metropolis) 28, 62
모스(George L. Mosse) 27, 31, 33, 54~55, 89
몰러(Armin Mohler) 47
무어(George Edward Moore) 68
문제 설정(Problèmatique) 48, 58, 67,
77~78, 84, 101, 103, 106, 113, 121
뮐러(Adam Müller) 26
민더(Robert Minder) 13, 27, 167, 170

【ㅂ】

바슐라르(Gaston Bachelard) 142
『바이로이터 블래터』(Bayreuther Blätter)
27
바이마르(Ernst Weymar) 27
바이츠제커(Carl Friedrich Freiherr von
Weizsäcker) 162
발(Jean Wahl) 152, 166
방랑 6, 89~90, 118, 156~157,
방황 30, 167
배려(Fürsorge) 37, 96, 125, 128~130,
143~144, 184
베르그손(Henri-Louis Bergson) 83, 138
베버(Max Weber) 84, 161
베벨(August Bebel) 40
보들레르(Charles Baudelaire) 166
보부아르(Simone de Beauvoir) 163
보수혁명 6, 26, 36, 45, 54~56, 60, 79, 93,
95~96, 99, 109~111, 119, 173
　보수혁명가 9~10, 49, 53~54, 60, 62,
　83, 99, 109, 119
보프레(Jean Beaufret) 152, 153, 159~160,
178~179
본래성(Eigentlichkeit) 45, 84, 89, 119, 128,
133~134, 145~146, 156, 171
뵘(Franz Böhm) 54
부인(Dénégation) 106~107
뷔유맹(Jules Vuillemin) 77, 105, 109
블루보 문학(Blubo-Literatur) 26
비트겐슈타인(Ludwig Wittgenstein) 83
빈델반트(Wilhelm Windelband) 80~81
뿌리내림(Bodenständigkeit) 89, 92
뿌리뽑힘 25, 89, 118

【ㅅ】

사르트르(Jean-Paul Sartre) 144, 152, 156, 163~164, 172

사회보장(Sozial Fürsorge, assistance sociale) 6, 44, 126, 129, 134, 142~144, 147

사회적 비사유(l'impensésocial) 175

사회주의 32, 37, 39~40, 44, 47, 48~50, 53~54, 57~60, 65, 72, 76, 79, 82, 87, 89, 119

사회학 6, 34, 39, 46, 50, 52, 59, 72, 80, 101~102, 123, 152, 156, 159, 161

생철학(Lebensphilosophie) 26, 83, 138

샤틀레(François Châtelet) 160

샤피로(Meyer Schapiro) 48

서남학파 80~81, 105

셸러(Max Scheler) 33, 90, 111

소렐(Georges Sorel) 41

소외(Entfremdung, Aliénation) 25, 63, 118~119, 158

숨은 함의(sous-entendu) 6, 71, 117

숲길 산책(Waldgang) 168

슈니베르거(Guido Schneeberger) 14

슈미트(Carl Schmitt) 27, 36, 130

슈트라서(Otto Strasser) 53

슈판(Othmar Spann) 10, 25~26, 36, 50, 59

슈펭글러(Oswald Spengler) 10, 15, 25, 30, 36~37, 40~41, 46~48, 53, 55~59, 66, 76

슐러(Alfred Schuler) 26

스턴(Fritz Stern) 49, 54, 95, 119

승화(Sublimation) 6, 9, 12, 91, 97, 122, 131, 138~139, 163, 173

시간성(Temporalité) 108, 110~111, 130

신칸트학파 15, 76~77, 80, 82, 87, 92, 95, 101, 103~108, 113, 117~119

실존론적 분석론 115, 129, 159

실증주의 15, 35, 51~52, 80~81, 83, 102~104, 111

【ㅇ】

아도르노(Theodor Adorno) 11, 140

악셀로스(Kostas Axelos) 159

알튀세르(Louis Althusser) 100

애매성 11, 14, 54, 100

야스퍼스(Karl Jaspers) 172

에카르트(Dietrich Eckart) 32

역사주의(Historicisme) 84, 102, 108, 110~111

오트(Hugo Ott) 6, 165

윙거(Ernst Jünger) 6, 10, 13, 15, 28, 36, 40, 42, 45, 48, 51, 52, 53, 56, 59~60, 63~66, 68~69, 71, 73, 75~76, 95, 109, 130, 145, 168

이중 놀이 109, 132, 139, 141, 155

【ㅈ】

잘린(Edgar Salin) 36

장(Champ) 66, 68

전회(Kehre) 72, 115~116, 131, 152, 166, 168

세계-내-존재 95, 139, 170

『존재와 시간』(Sein und Zeit) 9, 28, 37, 73, 86, 115, 119, 128~130, 134~135, 149, 152, 155, 158, 160, 162, 166, 168, 170

존재론적 15, 69, 73, 82, 104, 107, 109, 111, 115, 118, 129, 131, 137~141, 143, 153, 156, 160

존재적 129, 131, 138~141

좀바르트(Werner Sombart) 10, 25, 36, 50, 58~60

짐멜(Georg Simmel) 105

【ㅊ·ㅋ】

청년운동(Jugendbewegung) 25, 31, 48, 52,
63, 94, 96, 119
카르납(Rudolf Carnap) 83, 173
카시러(Ernst Cassirer) 63, 76, 81~82,
86~87, 93~95, 97, 105~106, 111~114
칸트(Immanuel Kant) 68, 76~77, 80~82,
84, 86, 101~109, 113~115, 117, 144~145
코헨(Hermann Cohen) 76~77, 80~82, 87,
89, 103~104
크라카우어(Siegfried Kracauer) 28~29
크로체(Benedetto Croce) 9
클라게스(Ludwig Klages) 26, 83
키르케고르(Søren Kierkegaard) 26, 29, 77,
117

【ㅌ·ㅍ】

트라이치케(Heinrich von Treitschke) 89
트뢸치(Ernst Troeltsch) 31, 54
파리아스(Victor Farías) 5, 13, 80
파브스트(Georg Wilhelm Pabst) 28
팔미에(Jean-Michel Palmier) 56, 64, 69, 90
페디에(François Fédier) 13, 179

피셔(Aloys Fischer) 33~34
피히테(Johann Gottlieb Fichte) 76~77

【ㅎ】

하버마스(Jürgen Habermas) 60, 150, 162
하이데거 I 115, 152, 166, 168~169, 171,
173
하이데거 II 115, 152, 168~169, 171, 173
『하이데거와 나치즘』(Heidegger et Nazisme)
5, 13
헤겔(Georg Wilhelm Friedrich Hegel) 36,
83, 104, 109~110, 133
헥시스(hexis) 26, 76
현존재 14, 28, 37, 95~96, 105, 107, 112,
115~116, 118~119, 128~130, 133~135,
139, 143~144, 146, 159, 167, 170~171
형식 갖추기(Mise en forme) 12, 78, 96,
121~125, 129, 133, 138, 150, 171, 180, 184
횔덜린(Friedrich Hölderlin) 48, 93, 97, 167,
169~170, 172
후설(Edmund Husserl) 76~77, 81, 83~84,
88, 97, 103, 107~108, 166, 172
「휴머니즘 서간」(Brief über den Humanis-
mus) 93, 111, 153, 156, 158, 166
히틀러(Adolf Hitler) 6, 28, 32

철학의정원 039
하이데거의 정치적 존재론

초판1쇄 펴냄 2021년 04월 10일

지은이 피에르 부르디외
옮긴이 김문수
펴낸이 유재건
펴낸곳 그린비
주소 서울시 마포구 와우산로 180, 4층
대표전화 02-702-2717 | **팩스** 02-703-0272
홈페이지 www.greenbee.co.kr
원고투고 및 문의 editor@greenbee.co.kr

주간 임유진 | **편집** 홍민기, 신효섭, 구세주, 송예진 | **디자인** 권희원 | **마케팅** 유하나
물류유통 유재영, 한동훈 | **경영관리** 유수진

ISBN 978-89-7682-648-0 93160

學問思辨行 독자의 학문사변행을 돕는 든든한 가이드

그린비 철학, 예술, 고전, 인문교양 브랜드
엑스북스 책읽기, 글쓰기에 대한 거의 모든 것
곰세마리 책으로 통하는 세대공감, 가족이 함께 읽는 책